『通古察今』系列丛书

自由派知识分子三论

郑师渠　著

河南人民出版社

图书在版编目(CIP)数据

自由派知识分子三论 / 郑师渠著. —郑州 : 河南人民出版社, 2020. 11(2024. 1重印)
("通古察今"系列丛书)
ISBN 978-7-215-12319-9

Ⅰ. ①自… Ⅱ. ①郑… Ⅲ. ①自由派-知识分子-研究-中国-近代 Ⅳ. ①D693.71

中国版本图书馆 CIP 数据核字(2020)第 201463 号

河南人民出版社出版发行
(地址:郑州市郑东新区祥盛街 27 号 邮政编码:450016 电话:65788072)
新华书店经销　　永清县晔盛亚胶印有限公司印刷
开本　787 毫米×1092 毫米　1/32　印张　5.125
字数　75 千字
2020 年 11 月第 1 版　　2024 年 1 月第 3 次印刷

定价: 52.00 元

“通古察今”系列丛书编辑委员会

序　言

在北京师范大学的百余年发展历程中，历史学科始终占有重要地位。经过几代人的不懈努力，今天的北京师范大学历史学院业已成为史学研究的重要基地，是国家首批博士学位一级学科授予权单位，拥有国家重点学科、博士后流动站、教育部人文社会科学重点研究基地等一系列学术平台，综合实力居全国高校历史学科前列。目前被列入国家一流大学一流学科建设行列，正在向世界一流学科迈进。在教学方面，历史学院的课程改革、教材编纂、教书育人，都取得了显著的成绩，曾荣获国家教学改革成果一等奖。在科学研究方面，同样取得了令人瞩目的成就，在出版了由白寿彝教授任总主编、被学术界誉为“20世纪中国史学的压轴之作”的多卷本《中国通史》后，一批底蕴深厚、质量高超的学术论著相继问世，如八卷本《中国文化发展史》、二十卷本“中国古代社会和政治研究丛书”、三卷本《清代理学史》、五卷本《历史文化认同与中国统一多民族国家》、二十三卷本《陈垣全集》，以及《历史视野下的中华民族精神》《中西古代历史、史学与理论比较研究》《上博简〈诗论〉研究》等，这些著作皆声誉卓著，在学界产生较大影响，得到同行普遍好评。

除上述著作外，历史学院的教师们潜心学术，以探索精神攻关，又陆续取得了众多具有原创性的成果，在历史学各分支学科的研究上连创佳绩，始终处在学科前沿。为了集中展示历史学院的这些探索性成果，我们组织编写了这套“通古察今”系列丛书。丛书所收著作多以问题为导向，集中解决古今中外历史上值得关注的重要学术问题，篇幅虽小，然问题意识明显，学术视野尤为开阔。希冀它的出版，在促进北京师范大学历史学科更好发展的同时，为学术界乃至全社会贡献一批真正立得住的学术佳作。

当然，作为探索性的系列丛书，不成熟乃至疏漏之处在所难免，还望学界同人不吝赐教。

北京师范大学历史学院

北京师范大学史学理论与史学史研究中心

北京师范大学“通古察今”系列丛书编辑委员会

2019 年 1 月

目　录

前言

1927—1936 年是中国近代史上一个风云突变、时局跌宕起伏的重要年代。国共合作推动了国民革命鸿波巨澜的涌起，却因国民党背叛革命而归于失败。国民党在清党反共中执掌政权，推行独裁统治，复将时局推入国共对立与十年内战的险恶境地，这恰为日本侵华提供了方便。九一八事变后，国难临头，是“攘外必先安内”，还是“安内必先攘外”？民族大义复考验着时人。以胡适为代表的自由派知识分子，以自由主义相标榜，其依偎此间，充分表露了自己复杂的政治心态。他们虽不满于国民党的独裁政治，并对于后者的所谓“剿匪”提出异议，但既难脱恐共惧赤的心理，最终便只能妥协屈从于前者。“九一八”后，民族大义未泯的自由派知识分子，又多成了促成国共再度合作抗日的积极因素，尽管他们心中的恐共情结从来不曾消解。故研究此期自由派知识分子的政治心态与取向，既为深入研究近代历史所必需，同时也为考察近代知识阶级提供了一个新的视角。

一 南京国民政府初期（1927—1932）自由派知识分子的政治心态

（一）引言

自由主义知识分子在南京国民政府成立初期（1927—1932）的政治取向，历来为学界所关注，不乏相关的研究成果，但于其作为群体的政治心态，则缺乏应有关注。[1] 从广义上说，心理概念包含静态与动

[1] 如耿云志：《从五四到三十年代初期胡适政治态度的变化》（《胡适研究论稿》，四川人民出版社，1985 年）；罗志田：《知识分子与革命：北伐前后胡适政治态度之转变》（耿云志编《胡适评传》，上海古籍出版社，1999 年）。

态两大范畴，静态心理虽然“支配人们的思维方式以及思维所产生的思想，而基本不支配行为”；动态心理即“心态”，“一方面是心理存在和运行的基础，另一方面还是人们的行为以及行为结果所产生的基础，是支配行为的”[1]。政治心态是人们在政治生活中呈现的动态心理，由是切入，我们对于问题的探讨便有了一个新视角：借此可以观察人性幽暗的多面相，避免认知的简单化；同时，缘是以进，对近代知识阶级尤其是自由主义知识分子，乃至于对近代历史长远发展的理解，也可获致深化。本课题不仅有重要学术意义，而且饶具兴味。

从严格意义上讲，近代自由主义知识分子是新文化运动的产物，虽然“五四”前后新文化运动日趋分化，但其时北京知识界的生态特点，实际上又决定了“语丝”“现代”“猛进”等派别林立的知识界，并无严格的思想界限，呈现出的更多是自由主义知识分子的共相。时在北京大学读书的王双西回忆说：三一八惨案发生前，由于段祺瑞政府难得作为，“这使政治势

[1] 黄建钢:《政治民主与群体心态》,中信出版社,2003年,第38—39页。

力和思想流派的分（和）合更加自由和顺畅”。北京的副刊与期刊，“都是偏重文艺的，很少讨论到严重的思想问题或政治问题。有时候争论点非常琐碎，譬如进行于鲁迅和陈西滢之间的笔战，牵涉的竟往往是些‘私事’”。“操军权的冯玉祥系，操政权的安福系与政学系，以及主学政的国民党、研究系和共产党领袖之间，似乎彼此并不存着不要调和的斗争，人事关系错综复杂，思想界很不清楚。在少数的上层领袖，多数的下层群众中，流行着普遍印象，仿佛革命问题可以解决于私人联络，能取胜于文字争辩，能赢得于示威请愿。这个‘时代’，我们可以称之为革命的浪漫的、文学的、蜜月式的阶段。这个阶段在历史上经常以热的铅和红的血来结束，而三一八惨案恰好就供给了这两件必需的东西”[1]。迄国民革命高涨，北伐军起，思想对立始趋尖锐。现代派、研究系知识分子在三一八惨案中竟然提出了所谓“群众领袖的责任”问题，是知识阶级内部公开分裂的重要表征，前者所代表的自由主义知识分子之属性，从此愈益彰显。

[1] 王双西：《双山回忆录》，现代史料编刊社，1980年，第18、21页。

从《现代评论》到《新月》，再到《独立评论》，现代派自由主义知识分子在发展的同时，其内在构成也发生变动：一是以王世杰、朱家骅等为代表的一批有国民党员身份者归入体制内，成党国政要，“再也没有见到的机会了”[1]；二是从海外先后归来的蒋廷黻、罗隆基、王造时等后起之秀相继加盟，成其新锐。研究系的张君劢、张东荪诸人硕果犹存。但更值得注意的是，1926年9月在张季鸾等人主持下《大公报》复刊，提出“不党”“不卖”“不私”“不盲”的“四不”主义，公然倡言“完全公开，作人民真正喉舌”[2]，言论风采倾动一时。胡适称赞它“后生可畏”，短短数年间，在新闻界异军突起，成了“中国最好的报纸”[3]。《大公报》立足北方，与《新月》等遥相呼应，成为南京国民政府成立初期自由主义知识分子中另一支举足轻重的生力军，影响深远。也唯其如此，上述南北交相辉映的自由主义知识分子群体，自然成了本书集中考察的生动典范。

---

[1] 郁达夫：《志摩在回忆里》，《新月》第4卷第1期，1931年12月。

[2] 《本报启事》，《大公报》1926年9月1日，第1版。

[3] 胡适：《后生可畏》，载《胡适全集》第21卷，安徽教育出版社，2003年，第451页。

（二）以“一切政治运动社会运动的指导者”自居

近代知识阶级在“五四”时期形成的同时，便怀有充当社会精神领袖的自我期许。这可追溯到晚清梁启超最初提出的建立“既有思想之中等社会”的构想。随着国民革命肇端，它所提示的政治取向与自我体认，尤其成为自由主义知识分子的普遍心态，愈趋自觉[1]。1924年年底，胡适诸人不赞成国共两党抵制段祺瑞政府召集的善后会议，执意参会，已显示出了自己的政治个性。故任鸿隽致书胡适说：“你在文学上的尝试已成功了，政治上的尝试想来不会失败，这是我们可相信的。”[2]周鲠生更发表文章指出：当今中国政治上存在三大势力，除军阀和政党外，便是“在社会上具有一种精神的势力，而常为一切政治运动社会运动的指导者之智识阶级”。因之，善后会议必须有“物望所归

---

[1] 参见拙文《“五四”以后知识阶级的自我体认（1920—1926）——以五卅运动和二一八运动为中心的考察》，《北京师范大学学报》（社会科学版）2016年第5期。

[2] 中国社会科学院近代史研究所中华民国史组编《胡适来往书信选》上册，中华书局，1979年，第311页。

之中坚人物”，亦即“智识阶级的领袖”参加[1]。其观点十分鲜明。善后会议虽未成功，胡适且因参会备受压力；但重要的是，自由主义知识分子自认在政治上“三分天下有其一”，并具有在精神上领袖群伦资格之心态，却由此浮上了政治台面，以至于虽有国民党员背景、当时却是重要的自由主义知识分子代表性人物的北京大学教授王世杰甚至认为，包括国民党在内，中国现有各派政治势力都缺乏应有的思想和精神领袖，中国社会运动的当务之急，需要有如同19世纪末英国费边社所代表的那种知识阶级权威的指导[2]。所以，毫不足奇，北伐军初起，知识阶级多持自以为是的超然态度。1926年10月初，复刊仅一个月的《大公报》在双十节发表献辞说：“自今以往，知识阶级必将于思想倾向种种不同之中，而悟第一步共同救国之大路，所余者，惟有权阶级对于思想问题之态度如何而已。”[3]这就是说，时局应如何发展各方当听他们的意见。该

[1] 周鲠生：《我们所要的一个善后会议》，《现代评论》第1卷第2期，1924年12月20日。

[2] 王世杰：《民众运动与领袖》，《现代评论》第3卷第54期，1925年12月5日。

[3] 记者：《国庆辞》，《大公报》1926年10月10日，第1版。

报负责人吴鼎昌更发表《世运转移说》，声言时代变迁的主动权掌握在知识阶级手中："吾人以为世运转移之责，不在今日之所谓将相，而在今日之所谓士大夫（士大夫之称，即今语所谓智识阶级）。"[1]

自由主义知识分子以"一切政治运动社会运动的指导者"，即以社会精神领袖自居之政治心态，不仅溢于言表，而且在事实上表现为力图引导中国政治走向的种种努力。北伐期间，他们分处于南北不同政权（势力）之下，此种错位恰为我们考察其政治心态提供了得以切换视角的难得空间。

《大公报》几乎经历了北伐的全过程，它与《晨报》一味贬抑、攻击和抹黑北伐军不同，无论战况报道还是社评，都显得不偏不倚，中庸之态可掬。例如，《岳阳战事之因果观》[2]报道说：南军取胜之道，在于善待士兵，故能用命，为主义而战，故能纪律严明，有进无退；相反，北军致败，端在诱之以利，争夺地盘，内部不能统一。分析就比较客观。又如，社评《军阀与党阀》写道："吾人不敢赞成军阀专制，然亦何可赞

[1] 《国闻周报》1926年，第3卷第30期，第1页。

[2] 《大公报》1926年9月11日，第6版。

成党阀专制？”故北方之欲以军治国，南方之欲以党治国，吾人不必问其具体政策与主义安在，“皆一视为大乱将至，而期期以为不可者”[1]。各打五十大板，算是“一碗水端平”。但实际上，这仅是表象，它既以社会精神领袖自居，总要表现出“客观”“公正”“公平”，以便使自己随后对南北的“指点迷津”，听起来具有某种亲和力。《大公报》接连发表诸如以下的社评：《话说天下大势》《劝南北猛醒》《南征北伐可以已矣》《回头是岸》等，从标题上便不难看出，其本意乃在引导双方止战言和，即所谓：“各方化除陈见，推诚协商，为政治开一和平的彻底改造之途径。”[2]张季鸾亲撰的社评说得更具体，“国事须大改造，亦实不得不改造”，但大家皆中国人，建设独立自由之中国，党与不党，人同此心，再战何益？“北方军人固应舍旧观念，取新方针，要求南军提出办法，公开会议，谋统一新政府之建设。国民党人，亦应旁采各方之见解，修正本身之态度，使民国十五年成为第二辛亥。中华民国之新生命，庶内由此而萌芽成长焉，岂不休哉……舍武

[1] 前溪：《军阀与党阀》，《大公报》1926年9月23日，第1版。

[2] 记者：《南征北伐可以已矣》，《大公报》1926年9月3日，第2版。

力而谋和平，回头是岸，此其时矣。”[1] 由于北伐军占武汉顺江而下，气势如虹，故《大公报》重点是对南方施压。张季鸾用前溪笔名在《注意国际国内情形》社评中再次强调说：“据上述国际国内情形，可断言今后蒋军若持久于武汉，或进步于南北，国内之战争延长，国际之危险纷至，错综变化，即在目前。此吾人所由希望南北军人，抛弃武力，别求政治上解决之道也。”[2] 明显语带威胁。1926 年 9 月 14 日，国民党公开宣言志在统一，无意和谈[3]。《大公报》虽刊载了这篇国民党宣言，却不示弱，10 月 9 日，其社评引 13 位外国公使的息兵电，以更强硬的口吻进一步警告南方：“结局如何，党军兵力，固不能犯北方。故一党专政，万不能成事实。是以就南方言，应修正态度以减反对。”“今日东南之战，终不能彻底，党军之不能消灭，及其人不能北犯，皆成既定之形势。再战数月，亦复如是。”[4] 这无异于是说：南方想靠武力统一，这是不可接受也是不可能

[1] 榆民：《回头是岸》，《大公报》1926 年 9 月 4 日，第 1 版。

[2] 前溪：《注意国际国内情形》，《大公报》1926 年 9 月 5 日，第 1 版。

[3] 《国民党宣言》，《大公报》1926 年 9 月 14 日，第 1 版。

[4] 记者：《论十三公使请息兵电》，《大公报》1926 年 10 月 9 日，第 2 版。

的。需要指出的是，此种强硬态度与《晨报》如出一辙，足见此乃北方自由主义知识分子的共同政治心态。

张季鸾等人明知南方自有优势，北洋正统归于消灭也无可避免，但却要竭力阻其统一北方，不惜重蹈辛亥革命时期南北和谈之覆辙，究其原因，除了惧怕“赤化”外，最终还在于担心兵连祸结，国将不国：“至南北清算之日，中国早成一片荒土矣。”[1]这与自由主义知识分子向来惧怕激烈革命和社会动荡，只接受渐进和平稳妥的改革心理是一致的。但时局并没有按他们的意愿发展，1928年6月，北京被攻占，国民党完成北伐成了事实。然而，这并没有改变他们以社会精神领袖自居的政治心态，《大公报》告诫国人说，“迩者事实上国民党势力既已奄被南北，国民自应对之表示依赖”[2]，同时复心安理得提醒人们：革命虽告完成，知识阶级的指导地位却不容动摇，因为作为“社会的精英”，其责任更加重大。“假使知识阶级不能立于指导的地位”，“那个社会没有不破坏，堕落的。社会的生命，进步，完全要靠知识阶级的集合的有组织的努

[1] 《劝南北猛醒》，《大公报》1926年9月2日，第1版。

[2] 《国民会议问题》，《大公报》1928年6月23日，第1版。

力做中心”[1]。

如果说，《大公报》为代表的北方自由主义知识分子以社会精神领袖自居的政治心态，集中表现为力图引导南北言和以改变北伐战争结局的话，那么，南方胡适诸人同样的政治心态，则集中表现为俨然以政治导师自居，试图引导国民党新政权走上自己所崇拜的西方民主宪政之路。后者的影响自然较前者远为深广。

人所共知，胡适诸人于1928年年初创办的《新月》杂志，本以谈文艺为主，但从1929年春第2卷第2号起，突然转向高谈政治，抨击国民党一党专政，要求言论自由、宪政民主，掀起一场所谓的“人权运动”，令当局一时陷入了尴尬被动的局面。学界认为，这是当政后的国民党内讧不休、战乱不绝和独裁专制、大失人望所致。这自然是对的，但问题还可以从其政治心态上作进一步探讨。

四一二政变后，胡适新从日本回到上海。他听从朋友的建议，深居简出，并对记者放话：“我不谈政

[1] 明生：《中国知识阶级的失业问题》，《大公报》1929年6月29日，第13版。

治。”[1] 其实,这仅是表面文章。“我可以打定主意不做官，但我不能放弃我的言论的冲动”[2]，才是他的真性格。不仅如此，既不满于时局，其待时而起以引领潮流的雄心未已。1928年4月1日,胡适参加清华同学会,时值二次北伐，会上有人讲演北伐军之革命精神，他则做了题为《现在我们回来了，你们请看，就要变个样子了》的讲演[3]。新文化运动时期，胡适曾引用过纽曼格的这段名言，以表达自己决心引领新文化潮流舍我其谁的壮志豪情。不难想见，在当时的语境下，胡适重引这段名言作为讲题，绝非偶然，除了肯定北伐外，当是更多地抒发了胸中正酝酿着的一股豪情：引领当下新潮流。这并非臆断。试想，不到一年后，以他领军的《新月》第2卷第2号便率先发出抨击时政的重炮，宣告改变编辑方向，其《编辑后言》说：“我们的目的一则是要激动读者的思想，二则是要造成一种知识的庄严的。”“我们认为读书人对于社会最大的

[1] 编者:《访问胡适之先生记》,《生活》第3卷第5期,1927年12月4日。合订本第2卷，上海生活书店，1933年，第47页。

[2] 胡适日记(1922年2月7日)，载《胡适全集》，第29卷，第512页。

[3] 胡适日记(1928年4月1日)，载《胡适全集》，第31卷，第21页。

责任，就是保持知识上，换言之，思想上的忠实。”[1]这里所谓“读书人对于社会最大的责任”，所谓“激动读者的思想”和保持知识的“庄严”与思想上的“忠实”云云，不就是明言胡适诸人——自由主义知识分子肩负着社会精神指导者的责任吗？不仅如此，胡适、罗隆基等人的文章很快便结集成《人权论集》由上海新月书店出版，广告词也十分高调：这些文章“已引起了全国和全世界人士的注意”，它代表着“胡先生等所倡导之人权运动”，“不可不人手一编也”[2]。既强调《新月》所发动的正是一场由胡适等人倡导的人权运动，且在国内外产生广泛影响，国人当人手一编，其为社会运动指导者的角色地位更毋庸置疑。此外，1930年年初，胡适曾谈到《新月》的编辑方式，也从一个重要侧面说明了这一点。他说：我们几个朋友一两年来常聚谈中国问题，各人自选问题，提出论文，再供大家讨论。去年讨论的总题是《中国的现状》。今年总题是《我们怎样解决中国的问题》，分政治经济教育等，各人分任。为了表明我们对于各问题的“一个根本的

[1] 《新月》第2卷第2号，1929年5月10日，第1页。

[2] 《新月》第2卷第6、7合号，1929年9月10日。

态度”，即“我们用什么态度来看中国的问题”，大家共推由自己写成引论，即《我们走哪条路？》[1]。毫无疑问，此种有组织有计划地集体研讨现实政治问题并借共同平台发声，显然是为了对社会舆论进行有目的的自觉引导；而胡适代表新月派提出的引论，明确表示对于中国社会基本矛盾与道路选择的认知，既不同于中共、青年党，也不同于国民党（且不论其正确与否），岂非更是再次鲜明地表现了自由主义知识分子在政治上超迈群伦的自我期许？若联想到罗隆基不无得意地告诉胡适说：上海有媒体“说中国目前三个思想鼎足而立：1）共产；2）《新月》派；3）三民主义。想不到《新月》有这样重要”[2]，更足见其彼此心照不宣。

他们的此种政治心态，贯穿于对国民党政权的一系列不无尖锐的抨击文章中。以下是其荦荦大者：

其一，批评锋芒直指孙中山之别具深意。耐人寻味的是，从《新月》第2卷第2号起，最初刊登的高

[1] 《我们走哪条路？》，《新月》第2卷第10号，1929年12月10日，第1页。

[2] 《罗隆基致胡适》（1931年5月5日），载中国社会科学院近代史研究所中华民国史组编《胡适来往书信选》中册，中华书局，1979年，第64页。

调抨击时政的系列重头文章，如胡适的《人权与约法》《知难，行亦不易》，梁实秋的《孙中山先生论言论自由》等，都将批评的锋芒径直指向了孙中山。在国民党不断神化孙中山，宣称总理遗教即宪法神圣不容侵犯，以为自己的专制独裁张目的情况下，他们勇于批评孙中山，表现了大无畏精神，也理有固然。所以胡适在《人权论集序》中理直气壮地说："因为我们所要建立的是批评国民党的自由和批评孙中山的自由。上帝我们尚且可批评，何况国民党与孙中山？"[1]但也需指出，他们的此种批评不仅是为了争言论自由，而且别具深意：隐喻自己——自由主义知识分子，才是真正能维护思想上知识上的"忠实"与"庄严"的社会良知与精神向导。在这方面，胡适的《知难，行亦不易》最具代表性。试想，国民党执政之得失，它与孙中山提出的颇为抽象的哲学命题知行论之间，实际能有多少联系？我们在肯定胡适善于思辨，果然较同侪高出一筹之余，仍不妨有两点质疑：（一）孙中山是有感于革命的失败乃缘于党员蔑视革命理论指导的重要性，同时也是为了

[1] 《胡适全集》，第4卷，第652页。

鼓舞士气，破除畏难苟安心理，唤起革命行动的积极性，欲破“知之非艰，行之维艰”的旧观念，才提出了“知难行易”的新命题。其说含合理的内核，但它将知行关系问题引导到孰难孰易的争论上去，却是没有意义的，因为二者间不存在绝对的“难”“易”问题。这是他的短处[1]。胡适虽指出了孙中山将知与行截然分开的错误，但他自己提出“知难，行亦不易”的命题，同样不脱窠臼，谈不上高明；但却偏偏要借此为自己的知识阶级至上与专家政治论提供理论根据（下文还将谈到）。他在文章末了说：治国是何等繁难之事，国民政府却不懂请教知识阶级与专家，是从孙中山“这些错误上连带发生的恶影响”。“然而‘行易’之说可以作为一班不学无术的军人政客的护身符！此说不修正，专家政治决不会实现。”[2] 这显然对孙中山有欠公平。（二）胡适著此长文费了心机，别具深意。在此之前，1928 年 12 月 14 日，他先写了《说难》一文，同样是要强调知识与专家在治国中的重要性，但其引述

[1] 侯外庐主编《中国近代哲学史》，人民出版社，1978 年，第 408 页。

[2]《胡适全集》，第 21 卷，第 407 页。

孙中山的“知难行易”说，却完全是另一种光景：“孙中山先生教导我们‘知难行易’的哲学，只是要我们服从领袖，尊重专家。知是难的，故是少数专家领袖的，行是易的，只要能遵从专家领袖的指导，便可以努力做去。但现在的人似乎只记得后半句‘行易’，却忘了上半句的‘知难’。”[1]他不仅对孙中山谦恭有加，而且强调：知为难，故是专家领袖的事；行是易，但前提需有专家领袖的指导。他不仅将专家与领袖、知与行、难与易统一起来了，而且重点放在强调“知难”。他对孙中山的命题作了积极正面、也是符合后者本意的诠释。在短短数月之后，他的观点何以会前后发生如此针锋相对的改变？这绝非一时心血来潮，而是深思熟虑的结果：唯有打破孙中山的偶像，才能重塑社会精神领袖的新形象。联想胡适在清华同学会上讲演重引纽曼格的名言，这一切不是完全合乎逻辑的吗！[2]据胡适1929年12月20日的日记记载，杨杏佛曾在内

[1]《胡适全集》，第21卷，第376页。

[2]据《胡适全集》第21卷第393页编者注，胡适《知难，行亦不易》初稿写于1928年7月，载《吴淞月刊》1929年第2期。改定于1929年5月11日，又载《新月》月刊第2卷第4号。即初稿先于《说难》。如此反复，则更耐人寻味。

部发表《从时局想到个人》的演讲，其中批评说："胡适先生从前看□□□先生，还算不错，做一篇文章，以哲学来解释他一下，过两天，看你们做错了，根本错了，再做篇文章来骂一下。他从前觉得国民党还有点希望，他的文章，是代圣贤立言，现在觉得不行了，先打倒孙先生。'圣人不死，大盗不止。'胡先生是圣人，所以我说这话是不错的。"[1] 杨的立场是非可不置论，但他指出胡的前恭后倨并以"圣人"相讥，命意所在，实与上述分析，若合符节。尽管胡适诸人后来又转而改引孙中山的遗教立论（下文将谈到），但这并不足以否定其初心的存在和业已产生的实际社会影响。

其二，以西方民主宪政的启蒙者自居。自由主义知识分子都是西方民主宪政的崇拜者，梁实秋在批评孙中山受苏俄影响背离了西方民主自由思想后，强调说："俄国式的暴政，还是欧美式的自由，这真是一个歧途，愿国人深长思之。"[2] 铁豆说得更明确："我们所

[1] 《胡适全集》，第31卷，第557页。

[2] 梁实秋：《孙中山先生论自由》，《新月》第2卷第9号，1929年11月10日，第10页。

谓新路就是英美的旧路，不过在今天的中国实在是新的了。”[1] 在他们看来，国民党一面宣传民权自由，一面却行一党专政，政治思想与手段陷于自相矛盾，其重要原因之一，就是对西方民主宪政无知。故他们的文章介绍西方民主宪政理论，往往不厌其详，俨然以启蒙者自居。尤其是罗隆基新自欧美留学归来，又是主修政治学的，在这方面更是滔滔不绝。例如，他的《告压迫言论自由者》[2]，先从西方言论自由的概念说起，接着详述英美各国保护人民自由权利之法律形成过程，尤其是英国政治学者拉斯克（Laski，H. J.，亦译拉斯基）的学说，最后再系统介绍西方自古罗马以来，尤其是中世纪教会对自由之压迫及其遭到反抗最终落败的历史。又如,《论人权》长文，分为六大部分：“引言”“人权的意义”“人权与国家”“人权与法律”“人权的时间性与空间性”“我们要的人权是什么”，四平八稳，有似高头讲章。文章最后在列举了中国目前所必争的人权 35 条后说：“假使仿照英国大宪章的办法，

[1] 铁豆:《国民党的新提案》,《新路》第 2 期，1932 年 6 月 30 日，第 24 页。

[2]《新月》第 2 卷第 6、7 合期。

那么目前中国恐怕列举三千条也不算多。我现在暂时提出了三十五条,做国内拥护人权的人的参考。”[1] 总之,都无非大掉文袋,不啻成了西方政治学教科书或西方民主思想发展史。鲁迅曾批评说:新月社诸君子,“他们引经据典,对于党国有了一点微词,虽然引的大抵是英国经典,但何尝有丝毫不利于党国的恶意”[2]。应当说,这些学究式的政论,固然是反映了作者们好为人师,以启蒙者自居,但又何尝不是同时暴露了自己在政治上的幼稚。

其三,强调知识阶级应是政治改革的指导者与制衡力。胡适等人以为,国民党政权所以陷于混乱无序与专制无能的境地,端在执政者多不懂政治,制度设计不合理。“今日政治制度皆是不懂政治的人所制定,止有空文,而无实施手段,所以彼此之间全无连络,又无有相互制裁的办法。”[3] 故当务之急在修正制度:“今日中国的政治,只有问制度不问人的一条路。

[1] 《论人权》,《新月》第2卷第5号,1929年7月10日,第25页。

[2] 鲁迅:《言论自由的界限》,载《鲁迅全集》(5),人民文学出版社,1981年,第115页。

[3] 《胡适全集》,第32卷,第300页。

制度上了轨道，谁来，我们都拥护。没有适合时代的制度，谁来，我们总反对。”[1]对他们来说，理想的制度自然是西方三权分立的宪政制度，但迫于客观现实，也只能主张渐进式的修正。其具体修正方案，非本文讨论的重点，这里只是要强调指出，其核心指导原则实可归结为：“专家政治”或“文治势力”。罗隆基说，20世纪的政治重行政，而行政已成了专门科学，故“要解决中国的政治问题，最紧要的是专家政治”[2]。胡适最初也讲“专家政治”，但最终却是归结为“培养文治势力”。他说，“谈中国政治”，“唯一出路是造成一种文治的势力”[3]。胡适的见解终究较罗隆基为深刻，培养文治势力的提法不仅可以涵盖“专家政治”，更重要的是，它十分自然和巧妙地包容了自由主义知识分子的心理期待——知识阶级在政治改革中要起到引导作用。他对梁漱溟说：“当北洋军人势力正大的时候，北京学生

[1] 罗隆基：《我们要什么样的制度》，《新月》第2卷第12号，1930年2月10日，第22页。

[2] 罗隆基：《专家政治》，《新月》第2卷第2号，1929年4月10日，第2、7页。

[3] 胡适日记（1930年7月15日），载《胡适全集》第31卷，第670页。

奋臂一呼而武人仓皇失措，这便是文治势力的明例。”[1] 胡适将“五四”时期学生运动所表现出的巨大影响力比作文治势力的典范，说明他所谓的“文治势力”与传统意义上的文官势力不容等量齐观：他表面上是寄希望于政府内文治派能压倒武治派，但实际上其命意仍在于强调，培植文治势力，归根结底，还有赖于提升代表知识与理性的知识阶级势力。这与他批评孙中山“行易”说的最大危险，就是造成了轻视学问和不懂得尊重知识阶级的风气[2]，是一脉相承的。王世杰在归入体制前曾强调说，教育界的势力应当成为一种制衡现实政治的独立势力，因为全国高校每年毕业的学生至少在四万人，“五年十年之后，安见不给我们一些光明！”[3] 他说的学生势力就是指教育界即知识阶级的势力，其言与胡适的说法，正可互相发明。此外，张东荪强调，专家政治不单是指借重其专门知识，更重要的是指要让专家参与国家政务的设计，使之成为“在民主与专

[1] 《胡适致梁漱溟》,《新月》第 3 卷第 1 号，1930 年 3 月 10 日，第 14 页。

[2] 胡适:《知难，行亦不易》，载《胡适全集》第 21 卷，第 405 页。

[3] 王世杰:《学校与政治》,《现代评论》第 4 卷第 81 期，1926 年 6 月 27 日，第 6 页。

制间求平衡”的一种力量或叫机制[1]，同样是异曲同工。

笔者在《“五四”以后知识阶级的自我体认（1920—1926）》一文中曾指出：知识阶级的此种自我体认，“毕竟不是对中国社会结构科学的认知，它夸大了自身的地位与作用，表达的只是一种改革者浪漫的情怀。故其自我体认，得失互见：提升了自身的社会责任感与使命感，却又往往遮蔽了时代的方向感，从而无法给自身的角色以科学的定位”[2]。也因是之故，他们难以避免在现实政治中的常常碰壁。上述《大公报》张季鸾诸人试图引导南北和谈以改变北伐结局的失败，说明了这一点；现在胡适诸人放言高论，也招致了国民党当局的极度不满，使自己陷入了困境。国民党上海市党部指斥胡适诋毁总理，蛊惑人心，危害党国，呈请中央予以严惩，并组织文章进行围攻。胡适被迫辞去中国公学校长之职。罗隆基则被捕入狱，虽获保释，却被革除了光华大学的教职。同时，《新月》杂志屡遭

[1] 张东荪：《我们所要说的话》，载左玉河编《中国近代思想家文库·张东荪卷》，中国人民大学出版社，2015年，第269页。

[2] 参见拙文《“五四”以后知识阶级的自我体认（1920—1926）》，《北京师范大学学报》（社会科学版）2016年第5期。

扣压。北方的《大公报》为之鸣不平，以大批判为借口，将被党部点名的胡适三篇代表作——《人权与约法》《知难，行亦不易》《我们什么时候才可有宪法》全文转载了[1]。这分明是在声援胡适等人，公然与当局相对抗！但无济于事，境况依然严峻。徐志摩等人为之气馁，主张放弃谈政治。罗隆基向胡适抱怨说：徐等主张"'向后转'未免太快。我不以为然"[2]。罗是倔强的，但"未免太快"的抱怨，透露的同样是底气不足。至此，他们以社会精神领袖自居的政治心态，实已黯然失色。

鲁迅说："新月社诸君子，不幸和焦大有了相类的境遇。"他们"不过说：'老爷，人家的衣服多么干净，您老人家的可有些儿脏，应该洗它一洗'罢了。不料，'荃不察余之中情兮'，来了一嘴的马粪：国报同声致讨，连《新月》杂志也遭殃"[3]。鲁迅辛辣的讽刺不乏合理性，但于其心态的把握，却不甚准确，将之比作贾

---

[1] 《沪党部攻讦中之胡适论文》一文本报按语，《大公报》1929年9月11日，第4版。

[2] 《罗隆基致胡适》，载中国社会科学院近代史研究所中华民国史组编《胡适来往书信选》中册，第76页。

[3] 鲁迅：《言论自由的界限》，载《鲁迅全集》（5），人民文学出版社，1981年，第115页。

府下人对老爷的稍有微词，不免低估了对方；因为，恰恰相反，自由主义知识分子缘此呈现出的是以社会精神领袖自居的政治心态，而非奴才心理，至于碰壁，则另当别论。实际上，更值得进一步关注的是，此种政治心态背后还藏有的畏惧革命的“恐共”心理。

（三）“恐共”心理与“投鼠忌器”

从孙中山实行“联俄、联共、扶助农工”政策，改组国民党，推动国民革命起，自由主义知识分子便滋生了“恐赤”“恐共”的心理。随着国民革命的展开，湘鄂等地工农运动蓬勃发展，但其中也发生了某些过激行为，《晨报》《时事新报》《大公报》与《现代评论》等自由主义知识分子的刊物，与其他许多媒体一样，对此大加渲染，肆意歪曲。从以下《大公报》新闻报道的标题，即可见其一斑：《大恐怖之长沙：稍有资产者均慄慄危惧，金融紧迫一般生计困难》《如狂如醉之长沙人民：湘人大流血再志》《共党祸鄂经过：经济社会政治状况破碎无存，知识资产农工各级悉遭蹂躏》《粤东江大糜烂：共党军两路屠杀》《共产杀人先剥皮后砍头：湖北全省无一片净土》《赣南共祸纪实》，等等。缘此，其“恐共”心理愈益蔓延。所以，张奚若说：“共产党人的可怕，自前数月湘鄂扰乱及最近广州大焚杀后，是人人明白的了。”[1]《大公报》社评则进一步将共产党之“邪恶”归结为三：其一，“有类于夺人之产以为已有，故共产公妻，相提并论，常人闻之，如洪水猛兽”；其二，为国际党，“乃等于卖国”；其三，主张无产阶级革命，不容言论自由，“排斥一切民主派或改良派进化派之知识阶级”[2]。早在北伐初期，《晨报》就刊登时论《中国革命蠡测》，忧心忡忡，以为中国难以避免发生真正的革命。文中说：共产党才是中国唯一的革命党，据其党纲，谓其不可能行共产主义革命是对的，但并否定共产党之革命，则失之天真。观其严密之组织纪律及深厚工农基础，“是则吾国将来之革命已在天然之酝酿中，不亦彰彰明甚！”“恐长此以往，国事日非，世乱不已，则不出十年，大难

[1] 张奚若：《拉斯克著〈共产主义的批评〉一书的书评》，《现代评论》第7卷第160期，1927年12月31日，第17页。

[2] 《共产党在华失败之批判》，《大公报》1927年7月11日，第1版。

将至，不幸上推测之词或且成事实矣”[1]。四一二政变后，共产党从血泊中重新奋起，影响日著，他们的“恐共”心理更有增无减。1931年，《国闻周报》刊文称：“中国目前最大之祸患，厥为赤匪。国民政府与全国人民当前最急要之工作，亦莫过于扑灭赤匪。”[2]《大公报》也有文提醒当局：“共产党之势力，将死灰复燃，斯诚国家社会之大不幸也……未雨绸缪，不宜缓矣。”[3]事实上，一直到中共最终夺取全国政权，此种心理始终存在，只是在不同阶段上其强弱及表现特点有不同而已。

南京国民政府建立后，自由主义知识分子尽管对于国民党的血腥清党与执政无能不以为然，但还是普遍乐于接受这个新政权。北京大学教授们纷纷南下弃教从政，出任各省政府委员、教育厅长及大学校长等职；国际法专家周鲠生著长文，从法理上论证唯有南京国民政府而非依附于军阀的北京政府，才是代表中

[1] 《晨报》1926年7月10日，第3版。

[2] 《国府剿灭赤匪报告》，《国闻周报》第8卷第20期，1931年5月25日，第8页。

[3] 《财政与时局》，《大公报》1931年2月2日，第2版。

华民族的合法政府，无不反映了这一点[1]。究其原因，重要一点，端在心存“恐共”症。《大公报》上有人发表文章说：“南京新政府成立，宁汉沪三方人才集中，不能不称为济济盛事，从此使社会最为放心的，就是没有一个共产党在内。”[2]序平也在《现代评论》上说：“南京政府是国民党——不带共产色彩的国民党——的政府。”[3]国民党政权是一个反赤反共的政权，这正是他们所馨香祷祝的。四一二政变当天，胡适正由美国西雅图上船回国，当时就得知了这个消息。24日抵日本横滨后，便听从朋友劝说留日静观时变。其间，他曾表示自己相信吴稚晖、蔡元培的见识与人格，“这个新政府能得到这一般元老的支持是站得住的”[4]。如果说，这是事出突然，胡适借助国民党两位元老间接表态以求自保的话，那么，三周后，5月20日他刚到

---

[1] 周鲠生：《国民政府的国际地位》，《现代评论》第三周年纪念增刊，1928年6月。

[2] 天流别墅主人：《南都闲话录》，《大公报》1927年10月29日，第3版。

[3] 序平：《南京政府》，《现代评论》第5卷第125期，1927年4月23日，第4页。

[4] 胡适：《追念吴稚晖先生》，《传记文学》第4卷第3期，1964年3月。

上海，次日即21日，便在《时事新报》上发表《中国革命》一文，就不好说是应景之作，而当是深思熟虑的结果。他在文中虽然仍表示是出于对吴、蔡的信赖而拥护新政府，但他从容道来，不难看出此中有真意。他说，吴、蔡是自己所敬仰的“已具极圆熟经验与崇高思想的地位之自由主义者”，“由诸氏援助国民党，使革命成功，本吾侪多年之夙望。因之中国成就真正之国民革命，当为诸氏出而活动之赐。虽不属于任何党派之自由主义者之余，亦深信其益优势而终造成功焉”[1]。既将蔡、吴等说成与自己一样的自由主义者，又强调清党反共之新政权正是自己的“多年之夙望”所梦想成就之“真正之国民革命”，这岂不等于是承认了：自己的站队非一时心血来潮，也非盲从他人，而是国民党之清党反共正中下怀？诚然，在海外时他曾发表过赞扬苏俄的话，但别忘了，他同时也发表过赞扬南方国共合作政府，强调它并非“红色政权”的话，和肯定过北伐军与蒋介石本人的话。故质言之，胡适的政治立场不是所谓的“转变”，而是面临国共决裂之

[1] 胡适：《中国革命》，《时事新报》1927年5月21日，第2张第2版。

际作出的合乎自由主义者自身逻辑与转进一层的再选择。不久他看到有人主张“反共后中国国民党出路”，当是联合各阶级以和平改良办法解决社会问题，以“防止不合人道之共产党”，在日记中写道“其议论很正大”[1]，也进一步印证了这一点。当然，说到底，还是罗隆基的话说得最透彻：“在今日中国的状况下，为中国人民求生路计，自然只有希望国民党剿共及早成功，谚所谓有‘两害相权取其轻’即此意耳。”[2]

但是，也因是之故，自由主义知识分子陷入了内心的纠结：一方面，他们之所以抨击时政，要引导国民党政权走上西方宪政的道路，是因为在他们看来，这不仅是救国的正道，同时，也是消除自己“恐共”噩梦的唯一出路。国民党若坚持专制独裁，不思振作，继续涣散无能的状态，就可能导致政权不保，使共产党得以卷土重来。换言之，自己的“恐赤”“恐共”，便成噩梦难消。《大公报》的《1928 年元旦祝辞》说，共产党失败本身业已证明了共产主义之于中国，“实

[1] 胡适日记（1928 年 4 月 25 日），载《胡适全集》，第 31 卷，第 59 页。

[2] 罗隆基：《论中国的共产：为共产问题忠告国民党》，《新月》第 3 卷第 10 号，1931 年 6 月（准确日期不详），第 8 页。

断不可用”，如今也“不必多论”；但国民党失政，“误国负民，责无可恕”，其“今日之尚不瓦解者”，实因一般人“顾忌国民公共之目的，而勉维持之耳”。再不振作，“则必有新兴起之组织取而代之矣”。[1]这里虽担心新政权垮台，但似乎还不把共产党放在眼里；然而，《现代评论》则不同，它在时事短评中则是直白地道出了对共产党星火燎原的忧虑：“共产党势力既尚潜伏各地，旦夕有爆发之虞”，“假使国民党不能及早树立一种安定的政府，以履行它的主义或约言，谁能保障国民党的地位与势力永不颠灭？所以祝福之余，我们不能不更对党的领袖及一般党员，郑重的表示忧危，以当警惕”[2]。而另一方面，他们也很清楚，国民党政权是当下中国唯一有可能最终消灭共产党的力量：“照中国目下情况而论，除了以党治国四字而外，再也想不出别的办法，除了国民党以外，再也想不出别的政党。”[3]所以，抨击国民党又须把握底线：是鞭策激励，

[1]《1928年元旦祝辞》，《大公报》1928年1月1日，第1版。

[2] 纯：《第四届会议以后》，《现代评论》第7卷第166期，1928年2月11日，第2页。

[3] 实：《民国十六年的回顾》，《现代评论》第7卷第160期，1927年12月31日，第1页。

即补台；不应是有意削弱它，即拆台。高梦旦曾提醒胡适说：“近来政治不上轨道，当然政府之过，亦因社会宽纵过甚（除共产派外），不免长君逢君之病。平心言之，当局者非绝对不可以为善。”胡适的回应：“是的，我们自命负言论之责的人，都应该领受这种很忠厚的劝告。”[1] 罗隆基受国民党打压最甚，故对后者之怨恨也未免最深。九一八事变后，他在所主持的天津《益世报》上发表评论，猛烈攻击蒋介石国民党，结果该报遭封禁，自己也被迫辞职。时值胡适抵津，二人长谈三小时。胡适在日记中写道：“罗自认因父受国民党的压迫，故不能不感觉凡反对国民党之运动总不免引起他的同情。此仍是不能划清公私界限。此是政论家之大忌。”[2] 胡适自觉把控的正是这个底线。此种内心纠结不能不外烁为“投鼠忌器”的种种尴尬：他们小心翼翼，反复声明，自己只是争取“一点点自由”，绝无政治野心。“我们不想组织政党，不想取什么政党而代之。故对现在已得中国政权的国民党，我们只有善

[1] 胡适：《〈一个时代错误的意见〉附记》（1932 年 10 月 2 日），载《胡适全集》，第 21 卷，第 517 页。

[2] 胡适日记（1933 年 12 月 21 日），载《胡适全集》，第 32 卷，第 243 页。

意的期望与善意的批评，我们期望它努力做好。”[1] 即便是张君劢主持的《新路》在被封禁后的申辩中，也仍是表明自己：“吾人虽非国民党员，然其爱国，爱党之诚自信不稍后于忠实之国民党分子。”“本刊言论之所以不肯同污苟合者，盖真爱护革命事业之至者也。”[2] 这与以社会精神领袖自居的原有心态自是相去甚远，上述鲁迅的讽刺所以不无道理，也正缘于此。

在此种情况下，自由主义知识分子向国民党争人权、争言论自由，便不能不常常被迫降格以求。最初他们激烈反对国民党的“以党治国”即“党治”论，斥之为“变态政治之一党专政”[3]，与民主法治的现代社会原则格格不入，故要求“第一步，要取消一党专政”，“以民治代替‘党治’”[4]。但面对国民党的强硬，其态度却渐趋软化。钱基博致江苏教育厅函说：“窃谓党治即法治也。党治之教育，宜贯以法治之精神。党治之学生，

[1] 胡适：《我们对于政治的主张》，载《胡适全集》，第21卷，第383页。

[2] 君房：《新路禁止发行令书后》，《新路》第4期，1932年7月20日，第8页。

[3] 《本报续刊四周年纪念感言》，《大公报》1930年9月1日，第2版。

[4] 罗隆基：《论中国共产：为共产问题忠告国民党》，《新月》第3卷第10号，第15页。

必予以法治之训练。”[1] 这固是表示全然拥护，但更多人是作了折中或故意将问题模糊化了。例如，杨端六说：“现在以党治国，虽然是一个不得已的方法，但是将来总要走到法治和民治这一条路去。”[2] 山木也一样，他既肯定国民党实因现时的政情有行党治的必要，同时又强调，依孙中山建国方略，在国民大会召开之后，党治当终止：“党治与国民会议是相续的，不是可以同时并行的。”[3] 二人都将“以党治国”说成只是国民党执政一种可以接受的权宜之计，这种一厢情愿的说法，是一种妥协策略或叫自我心理安慰。但是，随着 1929 年 7 月初蒋介石在北平陆军大学发表题为《我们为甚么要党？我们为甚么要以党治国？》的讲演中，发出赤裸裸的警告：“以党治国，就是以中国国民党治国，就是以三民主义治国。”民元国民党失败的历史教训告诉我们，“只有用一个党一个主义来号召来领导，才

[1] 钱基博：《关心教育之一封书——钱基博致苏教厅函》，《时事新报》1927 年 6 月 25 日，第 2 张第 4 版。

[2] 杨端六：《从经济上观察中国的社会政治》(二)，《现代评论》第 6 卷第 149 期，1927 年 10 月 15 日，第 9 页。

[3] 山木：《党治与国民会议》，《现代评论》第 7 卷第 172 期，1928 年 3 月 24 日，第 3—4 页。

能挽救我们全国民族”。故绝不容许有第二个党第二个主义出来捣乱。“如果有人反对本党以党专政的政策，这个人就是没有革命的经验阅历，不晓得以党专政是什么道理。”[1] 他们的态度又进一步软化了：“党治”并没有错，问题只在于一时落实不到位罢了。1930 年 2 月 24 日，《国闻周报》上有文，明显是回应蒋的讲话，说：“国民今日，初不反对党治，尤不反对三民主义，所希望者诚实真挚之政治耳。”“中国今日果有真党治，真独裁，以效率卓越的政治施行中国，讵非民众之所乐闻？”只是党内涣散，“党权效率，渺不可寻”罢了[2]。3 月 10 日，该刊另有《党治杂感》也指出，“世人往往诟病一党执政之制度，谓其根本上不是。吾人见解，与此略异”。若一党执政能推动中国的改革与建设，“又何必恋欧美式政党政治之虚荣，而根本上反对一党之执哉”。国民党的以党治国现实状况如何，“其是非功罪，为另一问题，要不得据现状而即归罪于党治之本身”。故重要的是要“对党治求冷静之理解，

[1] 《国闻周报》第 6 卷第 27 号，1929 年 7 月 14 日，第 5 页。

[2] 《民众观点上之时局》，《国闻周报》第 7 卷第 7 期，1930 年 2 月 24 日，第 1、2 页。

共研究今后改良之方案”。[1] 至此，问题已不再是反对“以党治国”，而变成了如何促其落实到位的问题了。需要指出的是，罗隆基虽然一直坚持反对“以党治国”，但他既将取消“党治”说成是献给国民党，足令“共产党不剿自灭”的锦囊妙计；[2] 同时，复将国民党一党专政解说成是少数掌握国家权力的党员对国民行独裁，却“对党内大党魁，又要民主民权，不许专制独裁”，致使“党魁不敢党魁自居；党员不甘党员自处”[3]，即是真正的党对国家政权失控之结果，如此偷换概念，说明同样收敛了自己的锋芒。

自由主义知识分子知道关于“党治”是非的口舌之争于事无补，故更重视能通过“修正”国民党新政权的政治制度，以渐进和平的方式，最终达到三权分立的理想宪政目标，其中，尤其看重立法权的设计。1928 年 6 月底，二次北伐甫告成功，《现代评论》就

---

[1] 《党治杂感》,《国闻周报》第 7 卷第 9 期，1930 年 3 月 10 日，第 3 页。

[2] 罗隆基:《论中国的共产：为共产问题忠告国民党》,《新月》第 3 卷第 10 号，第 17 页。

[3] 罗隆基:《我对党务上的“尽情批评”》,《新月》第 2 卷第 8 号，1919 年 10 月 10 日，第 6 页。

发表了松子的时评《北京下了以后》，强调“党政府”当务之急就是要设计独立的立法院，以改变现有南京政府法制系统的紊乱状态。[1]翌年4月10日，胡适推动“人权运动”在《新月》发表的第一篇文章《人权与约法》，提出的口号就是“快快制定约法以确定法制基础”。十天后，马君武对胡适说，应有一个运动，明确否定一党专政，以宪法为号召，建立国会，恢复民初局面。胡适的回答是：“这话很有理，将来必有出此一途者。”“现在的政治才是无法无天的政治了。”[2]足见，他虽对现状强烈不满，却不主张操之过急。故不久他应宋子文之请，提出了对政制的具体改革建议，其中最重要有三：一是召集约法会议，制定约法；二是修正国民政府组织法，以三权分立、五院独立为原则；三是“党的问题，宜有冷静的考虑”。中央及地方党部暂行“议会”职权，可监督行政，提出建议，但后者有否裁权。否裁后可送回复议，得更大多数始得

---

[1] 松子：《北京下了以后》（二），《现代评论》第8卷第186期，1928年6月30日，第4页。

[2] 胡适日记（1929年4月26日），载《胡适全集》，第31卷，第375页。

通过，此为美国通则。[1] 这可能是他代表自由主义知识分子向当局提出的最为具体也最为重要的政制改革主张。胡适在日记中详细记录了这份建议，说明心中怀有期待。1930 年下半年，缘于党内斗争的需要，汪精卫等改组派在北平成立扩大会议，打出民主、法治的旗号，并着手起草约法。罗文干、周鲠生等法学家被聘为起草委员。是年 10 月 11 日的胡适日记记录了他与罗详商约法草案的细节，并谓“我们的主张大致相投”，但罗主元首制，胡主内阁制，二人意见有不同。“我初意主张内阁制，后来我也赞成此意，以图政府安定。”[2] 胡适作了让步，显然是考虑元首制更能体现集权，可以稍缓当局可能的抵拒心理。约法草案公布后颇得舆论好评。《大公报》发表社评给予高度评价：“教育生计两章，均见精彩……教育经费之独立与确定，学术研究及思想之自由尊重，无一不为全国知识阶级之衷心希望。条分缕析，颇使有达屠门而大嚼之感。”[3] 这说明草案确实体现了参与其中的胡适、周

[1] 胡适日记（1929 年 7 月 2 日），载《胡适全集》，第 31 卷，第 414 页。

[2] 胡适日记（1930 年 10 月 11 日），载《胡适全集》，第 31 卷，第 750 页。

[3] 《汪精卫等约法草案》，《大公报》1930 年 11 月 1 日，第 2 版。

鲠生等自由主义知识分子的政治理想。但是，随着扩大会议失败，所拟约法草案也成了废纸。蒋介石迫于形势，接过汪手中民主、法治的旗帜，电请中央并匆忙促成国民会议的召开和颁布另行起草的约法，但社会却反应冷淡。一开始胡适还心存侥幸，让人转告汪精卫等人说，“约法宪法与国民会议等，既已由南京承认，是他们的主张已胜利。此时惟望党人监视代表大会，使他成功；国人监视国民会议，使他成功”[1]。但很快便失望了。他接受丁文江的意见，拒绝参加国民会议选举与约法的起草，说：“我不热心跟一班党老爷去胡混。”[2]与胡适取回避的消极态度不同，《大公报》则公开表示不满。其社评《望人人牢记约法第八条！》[3]，文章不仅尖锐，且意存揶揄，发表后很快收到了威胁性的来稿，警告本报有亲共的嫌疑，想引起社会和公安机关的对立，给法院及上级政府制造麻烦，必须自行更正。《大公报》被迫附言声明：“本报历次所论，主要之点在为一般商民呼吁，以求减免讼累冤

[1] 胡适日记(1930年10月11日),载《胡适全集》,第31卷,第750页。

[2] 胡适日记(1931年3月18日)，载《胡适全集》，第32卷，第5页。

[3]《大公报》1931年6月2日，第2版。

押之苦，非专对于政治犯立言也”，“其于严办共党非有异议”[1]。该报从此不敢再发声。罗隆基虽发表了《对训政时期约法的批评》的长文，但最终却做这样的表态：“好法律胜于恶法律；恶法律胜于无法律。”“我们对这次的约法，尽管有许多不满之点，然而，公开的说，约法是你们国民党制造出来的，是国民党的要人起草且举手通过的。如今，我们小民就恭恭敬敬的要求两件事：1）党国的领袖们，做个守法的榜样！2）国民党的党员，做个守法的榜样！”[2]虽语带调侃和自我解嘲，却也掩饰不住自由主义知识分子内心的无奈。

胡适诸人为坚持思想言论自由，一开始不避讳甚至有意剑指孙中山，但在国民党当局压力之下，很快也改变了口风，不仅不再批评孙中山，而且转而借重孙中山的言论，为自己的观点作辩护。例如，罗隆基在《告压迫言论自由者》中这样说：“孙中山先生是拥护言论自由的。压迫言论自由的人，是不明了党义，是违背总理的教训。倘使违背总理教训的人是反动或

[1] 《记者附白》,《大公报》1931 年 7 月 13 日，第 11 版。

[2] 《新月》第 3 卷第 8 号，1931 年 10 月 10 日，第 18 页。

反革命，那么，压迫言论自由的人，或者是反动或反革命。”[1] 所以，难怪鲁迅嘲笑说，新月社诸君子虽因批评党国被塞了一嘴马粪，“但新月社究竟是文人学士的，这时就也来了一大堆引据三民主义，辨明心迹的‘离骚经’”[2]。

有人曾致书胡适说：剿共孔亟，“宪政问题，算是次要，不知先生意见以为如何？”[3] 未见胡适回信，不知他是如何作答的。实则，在自由主义知识分子眼里，二者不分先后，乃一而二的问题：不剿共，何以要拥戴国民党政权？不讲宪政，新政权且不保，又何以侈谈剿共？故其政治心态中，不仅终难驱除“恐共”的梦魇，且对国民党政权“恨铁不成钢”的批评，也常陷入“投鼠忌器”的两难境地。然而，九一八事变的发生，改变了中国政治生态，他们不能不考虑对自己的政治心态作出必要的调整。

---

[1] 《新月》第 2 卷第 6、7 合期，1929 年 9 月 10 日，第 2 页。

[2] 鲁迅：《言论自由的界限》，载《鲁迅全集》（5），人民文学出版社，1981 年，第 115 页。

[3] 《马季廉致胡适》，载中国社会科学院近代史研究所中华民国史组编《胡适来往书信选》中册，第 117 页。

（四）九一八事变后的心态调整

1930年年底，中原大战这空前惨烈的内战终告结束，给国人带来了喘息的机会，自由主义知识分子对此欢欣鼓舞，更重新燃起了建设现代国家的希望。《大公报》发表《民国二十年元旦祝辞》说："民国二十年，于是而为空前的最有希望最重要之一年。""一般有知识有生活能力之中坚社会"即知识阶级，"尤宜一致承认民国已入新时代，政轨已定，只待前进"。故人人"应拥护现在已成之政治中心，则监督责备之"，"政治上的恩怨，从此全消"。"今诚全体国民真挚的努力之时矣，一切恶，应使以十九年终；一切善，应使自十九年始。"[1] 然而，九一八事变爆发，国难临头，"皮之不存毛将焉附"？事变转瞬间打破了中国的政治生态，自由主义知识分子不能不考虑调整自己的政治心态。其主要表现有二：

其一，对于国民党，由恨铁不成钢式的不满到曲

[1] 《大公报》1931年1月1日，第2版。

意辩护，即由公开批评到公开倡言合作。“九一八”后民族主义空前高涨，如果说“恐赤”“恐共”曾是自由主义知识分子乐于支持国民党政权之深层心理原因的话，那么国难当头，其比重显然下降了，而共赴国难则成其价值取向之底线。换言之，同样是支持国民党，此前是为了驱除“恐共”噩梦，现在则主要是为了共赴国难。同时，也唯其如此，实现国家统一被提到了首位。1932 年年初，独立社聚餐会讨论的中心议题便是“怎样建设一个统一的国家”[1]。丁文江说，“照现在国家危急的情形，统一是不可再缓的了”，错过这个时期，“将来是否再有统一的机会，实在是一个疑问”[2]。诚然，此前他们也渴望统一，但多停留于维持军阀割据现状“名义”上的统一；而现在则是主张“由分权的名义上的统一做到实质上的统一”[3]。他们由此引申出了以下的主张，进一步彰显了其政治心态的变动：

一是实现国家统一与共赴国难，只能以维护现有的国民党政权为基础。蒋廷黻说，“我们确承认南京

[1] 胡适日记（1932 年 2 月 23 日），载《胡适全集》，第 32 卷，第 167 页。

[2] 丁文江：《公共信仰与统一》，《大公报》1934 年 1 月 14 日，第 2 版。

[3] 胡适日记（1932 年 2 月 23 日），载《胡适全集》，第 32 卷，第 167 页。

是法统所在，也是真正统一的基础。所以南京在物质上，精神上，均占优越的地位”[1]。张季鸾说得更明白：“中国是个极弱之国，以弱敌强，必须有个强有力的政府为中心，把一盘散沙的力量团结起来。蒋介石政府虽然不是理想的好，但他今日的力量是用无数鲜血、亿万金钱培养成的，他要垮了，再培养了他这样的力量是很不容易的，甚至是不可能的。所以我们只有支持他，依赖他，给他以时间，来作准备。”[2] 同时，问题又被转换成了“有政府”与“无政府”的问题，因为在他们看来，今日时局已经谈不到好政府与坏政府，而是有政府与无政府的问题了。“此时中国政治若离了国民党便没有了政府”，并无第二种力量足以取而代之，中国便陷入了无政府的状态，故“今日之局，国民党一经塌台，更要增加十倍的紊乱”[3]。前后相较，政治逻辑不变，但政治前提却改易了，故其意涵，自有不同。

[1] 蒋廷黻：《南京的机会》，《独立评论》第 31 号，1932 年 12 月 18 日，第 4 页。

[2] 杜松年：《〈大公报〉在天津》，载全国政协文史资料委员会编《文史资料存稿选编精选》(9)，中国文史出版社，2006 年，第 44 页。

[3] 孟真：《中国现在要有政府》，《独立评论》第 5 号，1932 年 6 月 19 日，第 7 页。

二是民主要求被弱化，一党专政被赋予了某种合法性。《独立评论》的编辑方针对内政的安排是："首重统一，次建设，次民治"，明显是将民主要求弱化与边缘化了。故它说：今日中国缺乏实行民治的社会经济环境，但只要实现统一，进行建设，此一环境自然就会产生。而"短期之专制反可成为达到民治之捷径。目前在中国大唱'天赋人权''主权民有'等理论不但无益，而且有损"[1]。独立社聚餐会讨论内政问题达成的共识，同样以为"国民党此时的专政,是事实上不能避免的"[2]。蒋廷黻、丁文江诸人都以为，胡适相信统一不一定要靠专制独裁，乃失之天真。蒋廷黻说，西方的政治制度在中国"绝不能行"，"我以为惟一的过渡方法是个人专制"[3]。丁文江则说，专制在目前中国尚不可得，"而放弃民主政治的主张，就是这种努力的第一个步骤"[4]。需要指出的是，一向与国民党对立的原研究系的张东

[1] 《〈独立评论〉编辑方针（稿）》，载《胡适来往书信选》下册，第574页。

[2] 胡适日记（1932年2月23日），载《胡适全集》，第32卷，第168页。

[3] 蒋廷黻：《论专制并答胡适之先生》，《独立评论》第83号，1933年2月31日，第4、5页。

[4] 丁文江：《民主政治与独裁政治》，《独立评论》第133号，1934年12月30日，第7页。

荪等人也持相类的观点。他说，民主政治有本身的流弊，我们既不迷信它，也无需为之掩饰；相反，当稍加修改使之随时代而变得有“弹性”，这就是将民主与专制结合起来，“不反对以民主为制度而以专政去运用他”，即能容许“类似一党专政”[1]。至于张君劢提出，我们当在民主政治与专制政治之间，表现出自己的思想力与创造力，实际也是默认国民党一党专政的一种遁词罢了[2]。不仅如此，蒋廷黻还提出所谓的“意态”说。他指出，由于国难当头，民众自然会产生“苟安的心理”，并因此产生一种思想：“人人都怕南京倒了以后的不可收拾。就是极不满意南京的人——这种人并不少——也不愿，且不敢冒天下之大不韪，公开的来破坏南京的基础。这种思想是中国当前政潮的一大潜伏力。”这就是“目前全国普遍的政治意态。这不是一人积极的运动，没有口号，没有主义，只能说是一种意态（Mood）”。许多人对此感到不满与沉闷，但他却以为这是好事。

[1] 张东荪：《民主与专政是不相容的么》，载左玉河编《中国近代思想家文库·张东荪卷》，中国人民大学出版社，2015年，第351页；《我们所要说的话》，同上书，第268页。

[2] 张君劢：《民主独裁以外的第三种政治》，《再生》第3卷第2期，1935年3月15日。

因为，此种“意态”不仅是当前强大的社会思潮，同时“这种思潮是南京目前的大机会”，“因为人民现在降价以求了”[1]。他所谓的“意态”,实指社会的心理趋向。不能否认蒋廷黻具有很高的政治敏锐性，也不能否认国难当头会出现某种消极的社会心理倾向；但问题在于，蒋廷黻居然将“人民现在降价以求了”此种消极的“意态”，看成是南京政府的“大机会”，恰恰成了一些自由主义知识分子为放弃监督国民党政权的责任而自我解嘲的一种心理写照。

正因为有了上述的退让与认知，他们对于国民党政权不再有原先的不满与抨击，相反，变成了赤裸裸的公开辩护。1932年年初，国民党召集国难会议，黄炎培等许多代表不满于国民党独裁与消极抗日，拒绝出席会议。蒋廷黻以为，这些人想借此“改造中国的政治局面，即所谓取消党治，实行宪政，设联合政府”，无非是给时局添乱。“人民对于政府的不满是由于一党专政的原则，还是因为国民党的专政是不光明呢？人民对于国民党的信仰虽然不大，对在野各党派的信

[1] 蒋廷黻:《南京的机会》,《独立评论》第31号，1932年12月18日，第3页。

仰是更大吗？”日本占据东三省并非政府引起的，“政府虽不好，政府人员的平均道德和知识也不在在野人士平均道德和知识之下”。政府非不想对外抗争，乃苦于“心有余而力不足”。国人当为政府后盾才对，“这般提倡政治根本改造的人过于乐观，偏于理想，国难会议是不能这么利用的”。他还为汪精卫辩护，说：“他的人品和演说就是诚恳的象征。他是天生的民众领袖，长期抵抗的战争一开始，他就是我们的 Gambetta。”[1] 次年，十九路军发动福建事变，胡适也斥之曰：“‘取消党治’何尝不是一个很动听的名词？‘保障人权’又何尝不是我们平日主张的？”但是，“在这个时候，无论打什么好听的旗号来推翻政府，都有危害国家的嫌疑”[2]；然而，他于消极抗日的国民党政府却不置一词，其刻意为后者辩护的立场显而易见。

三是愿做国民党的“诤臣”。九一八事变后，以胡适为代表的自由主义知识分子明显地急速向国民党靠

---

[1] 蒋廷黻：《参加国难会议的回顾》，《独立评论》第 1 号，1932 年 5 月 22 日，第 9—12 页。Gambetta（甘必大，1838—1882），法国著名政治家，在普法战争中，曾为抗击普鲁士的重要组织者。

[2] 胡适：《福建的大变局》，《独立评论》第 79 号，1933 年 12 月 3 日，第 4 页。

拢。1931年10月14日,《申报》发布消息称:“丁文江、胡适来京谒蒋。此来系奉蒋召,对大局有所垂询。”消息虽不实,但并非空穴来风[1]。事实上蒋介石一直在拉拢胡适,同年年底蒋亲自打电话通知胡适,政府已正式宣布他为财政委员会委员。1932年年底,胡在武汉第一次与蒋见面并共进晚餐,此后,此种拉拢变得愈益急迫。翌年年初,汪精卫邀他做教育部长,他谢绝了,称把他放在外边比放在政府里好,紧要关头可以“说几句有力的公道话”,做政府的“诤友”[2]。尽管如此,1935年前后,他还是极力支持独立评论社的翁文灏、蒋廷黻、吴景超、丁文江等先后到南京任职。从总体上看,1932年是胡适等自由主义知识分子最终决心走上与国民党全面合作道路的重要转变点,其主要标志,除公开为国民党政权辩护的《独立评论》创刊与蒋、胡首次会面外,是年9月胡适在《独立评论》上发表《中国政治出路的讨论》一文,更不啻为一篇公开倡言与国民党合作的宣言书。胡适以为,今日中

[1] 耿云志:《胡适年谱》(修订本),福建教育出版社,2012年,第161页。

[2] 《胡适致汪精卫》,载《胡适来往书信选》中册,第208页。

国的真问题，既不是中共问题，也不是抗日问题，而是统一建国的问题。他明确提出中国政治的出路，就在于建立“建国大同盟”，要在“建国”大目标下，把全国方方面面人才组织起来[1]。换言之,就是全国人民当在南京国民政府的统一领导下去共同建设国家。所以，不难理解，此文发表后不到两个半月，正在督师“剿匪”的蒋介石，便迫不及待在武汉前敌召见了胡适并与之共进晚餐。上述《申报》报导胡、丁奉召进京谒蒋的消息虽不确实，但鲁迅据此做出的评论，却依然入木三分。他写道：所谓蒋“对大局有所垂询”，其中定然“也并无‘国民党专政’和‘英国式自由’的争论的麻烦，也没有‘知难行易’和‘知易行难’的争论的麻烦，所以，博士就出来了”。同时，他在引述了罗隆基的“政治的意见，是可以牺牲的，是应该牺牲的”话后，又写道：“代表各种政见的人才，组成政府，又牺牲掉政治的意见,这种‘政府’实在是神妙极了。但‘知难行易’竟‘垂询’于‘知难，行亦不易’，倒也是一

[1] 《独立评论》第 17 号，1932 年 9 月 11 日。

个先兆。”[1] 在鲁迅犀利的笔下,胡适等自由主义知识分子放弃原先自己的思想原则,最终走向与蒋介石国民党政权全面合作之真相,被一针见血地揭示了出来。

其二,要求国民党开放党禁,承认共产党不是“匪”,是“政敌”。“九一八”后,自由主义知识分子“恐共”心理明显弱化,主要有两方面原因:一是中共的社会影响日益扩大,其主张愈为国人所了解。丁文江说:“共产党是中国今天最重要的问题,但是我们少看见报纸上有任何的讨论。这足见我们思想界的麻木。”[2] 在国民党严酷的舆论控制下,此种麻木不仅表现为不容公开讨论,而且更重要的还在于,包括《大公报》《现代评论》等在内的媒体对中共的普遍污名化,令社会不明真相,惶恐不安。但是,到“九一八”前后中共的社会形象已明显改观。1930年5月,《大公报》上有《长江共党问题之严重》一文就指出,“一般社会,一提共党,即联想及杀人放火,易言之,俱信共党专

[1] 鲁迅:《知难行易》,载《鲁迅全集》(4),人民文学出版社,1981年,第340页。

[2] 丁文江:《评论共产主义并忠告中国共产党员》,《独立评论》第51号,1933年5月21日,第5页。

以恐怖烧杀为政者也”。现在看，却不然，因为中共所到之处，“即取消债权债务，废一切国地税，并倡言分配土地”。作者还进而评论说，既是如此，国人恐共心理自然消解：“假使不杀人放火，则畏恨之念自灭。有资产者虽至今畏恨如故，然共党不来，又何尝能顺利营业，其财产又何尝能受保护，免侵削？”[1]稍后，胡适说到北伐时期湘鄂地区工农运动存在的过激行为时，使用了“十五年的一些幼稚举动引起了士大夫与商人阶级的疑虑”的提法[2]，明显较前诸如“杀人放火”之类污名化的说法，已不可同日而语，是较为客观与理性的了。至于丁文江“共产党是中国今天最重要的问题”的说法本身，就更有力地说明了中共的社会形象与社会地位之今非昔比。二是外患进逼，受民族大义之感召。应当指出，开放党禁，多党政治，虽是自由主义知识分子宪政主张的应有之义，但明确提出这个议题，尤其是将共产党包括在内，却有一个酝酿的过程。1929 年 6 月，胡适、梁实秋、罗隆基与国家主义派的李幼椿讨论多党政治问题。胡适对李

[1] 《大公报》1930 年 5 月 21 日，第 2 版。

[2] 胡适：《武力统一论》，载《胡适全集》，第 22 卷，第 8 页。

说，多党政治的前提是:“少数党已成一种实力，使政府党不能不承认。凡政府党皆不愿承认反对党，其承认都是因为反对党已成势力，不得已而承认的。”[1]言外之意，当下中国并无这样的少数党，即尚不具备行多党政治的条件。至于被政府斥为“共匪”，正遭剿灭的共产党，自然更在免谈之列。1930年下半年，汪精卫在北平扩大会议上发表声明，表示国民党不限制其他政党。郭廷以评论说:“此乃由于近年南京高唱‘党(国民党)外无党’，不容异己，自由人权复备受压迫束缚，社会人心怨愤，时有指摘，汪乃标榜民主、法治，以博时誉，虽未必具有诚意，亦鲜实现可能，要不失为开明之举。”[2]是为公允之言。毋庸讳言，由于汪在国民党中的地位与影响，此事推动了关于开放党禁问题的讨论；但其所谓不应加以限制的其他党并不包含共产党在内，是不言而喻的。1932年年初，胡适等人在独立社聚餐会上提出的内政主张中，有一条是:“应取消‘党外无党’，使国民党以外能有政党发生。”

[1] 胡适日记(1929年6月16日)，载《胡适全集》，第31卷，第403页。

[2] 郭廷以:《近代中国史纲》(第3版)，格致出版社、上海人民出版社，2012年，第405页。

胡适日记写道：在场者除一人外，“其余皆非党员，却承认党外的政治团体更无希望”[1]。足见，共产党同样仍不在他们所说的多党范围之内。直到两个月后围绕着国民党召集的国难会议，问题才出现了转机。其时，要求国民党开放党禁已成各方共识，但问题仍集中于是否也应承认共产党。《大公报》有《论开放党禁》一文说：宪政呼声遍于南北，政府当局原则上不持异议，但乃有重要一点“为一般所忽视，或不欲言不敢言者，关于共产党之问题是也”。依宪政原则，共产党当在开放党禁之列，“惟吾国近日之一切政论，皆以共党除外为前提。即近日要求实行宪政之各方面，亦不主张对共党之弛禁。故现在开放党禁之呼声中，并不含共党。依现时情势，纵宪政颁布，各党公开之时，共党将依然为非法反动团体也”[2]。耐人寻味的是，胡适与丁文江却成了自由主义知识分子中呼吁国民党承认共产党为政敌最有力的代表性人物。然而，长期以来，这一点却被人们忽略了。距上述独立社聚餐会仅四个

---

[1] 胡适日记（1932 年 2 月 23 日），载《胡适全集》，第 32 卷，第 168 页。

[2] 《大公报》1932 年 3 月 24 日，《国闻周报》1932 年 3 月 28 日转载，第 11、12 页。

月，二人即在《独立评论》上发表了合写的《所谓剿匪问题》，旗帜鲜明地提出："我们对于国民政府，要请他们正式承认共产党不是匪，是政敌。"自国民党反共以来，"清共""讨共""剿匪"称呼有不同，但都不能让共产党丧失自己政党的资格；事实证明，武力"剿共"是不可能成功的，结果是适得其反，其中人心向背，政府需认真反省："共产党是有组织，有主义，有军队枪械的政敌……政府何不自己反省：究竟这种政敌是谁造成的？是什么东西造成的？"[1] 此种从"恐共"到"挺共"的急速转变，其最重要的内驱力即在于民族大义的感召。所以，丁文江会说，"假如我是蒋介石"，"我要立刻与共产党商量休战，休战的唯一条件，是在抗日期内彼此互不相攻击"，"以蒋介石的地位与责任，是应该要做的，做到十分，我们抗日的成功就可以有十分的把握；做到一分，也可以增一分的效能"[2]。王

[1] 《独立评论》第 6 号，1932 年 6 月 26 日，参见《胡适全集》，第 21 卷，第 480、481 页。胡适在该文附言中说："丁先生写成此文，给我全权修改。从第五段以下，全是我改作的。来不及送给丁先生审校了，只好由我声明负责。"见第 482 页。

[2] 丁文江：《假如我是蒋介石》，《独立评论》，第 35 号，1933 年 1 月 15 日，第 5 页。

造时同样说得诚恳感人：“我认为如果真正抗日，非得停止内乱不可。现在我们的大炮飞机，不用去打日本，而用去打共产党；我们卅多万的好军队，不在前线抗日，而在江西剿共，长此下去，鹬蚌相争，渔人得利，只有让日本来一块一块割去。”[1]不过，自由主义知识分子对此问题的态度并不完全一致，张东荪明确表示自己完全赞成上述丁、胡的观点；[2]但蒋廷黻、傅斯年等人不仅内心“恐共”依旧，而且像蒋廷黻甚至更加热衷于替蒋介石出谋划策剿灭共产党。固然，丁、胡、王等人“挺共”都附有共同的条件：共产党作为合法政党可以参与逐鹿政权，但前提是必须交出军队，放弃暴力革命。这说明他们对于共产党与中国政治的理解仍属肤浅，而且随着其后形势的变化，他们的态度也在发生变化，这需另文论列；但尽管如此，其时胡适诸人政治心态的此种变动及其表现出的正义感与民族大义，是应当看到的。

上述自由主义知识分子对于国民党，由不满趋向公开合作；对共产党，由“恐共”趋向“挺共”，看似

[1] 王造时：《荒谬集》，自由言论社，1935 年，第 57 页。

[2] 参见张东荪：《党的问题》，《再生》第 1 卷第 4 期，1932 年 8 月 20 日。

矛盾的政治心态变动，实则相辅相成，形成了自己应对时局变化的内在张力。要理解这一点，当进一步了解他们的重新自我定位。1933年上半年，蒋廷黻发表《知识阶级与政治》一文，可以看成是此期自由主义知识分子颇具代表性的反省与总结。他强调指出："知识阶级与政治的关系固极重要，但不可言之过甚。" 救国义不容辞，但不要以为非我莫属，知识阶级往往忽略最基本的事实："知识的力量虽大，也是有限度的"，历史的发展从来都不应主要归功于思想家。在教育落后的中国，知识思想之影响力更是有限的，何况知识阶级与其他阶级一样，各需谋生计，自身也并不健全。故要明白，"知识阶级不能单独负救国的责任"，过高估计自己的作用，将一事无成。同时，他还批评知识阶级成了"口头洋"，只会照搬西洋的政治理论与制度，对于"饭碗问题""安宁问题"，这些中国"政治的ABC"茫然无知，却喜欢侈谈实际的政治主张，"未免太无聊了"。最后他给出的建议是：其一，"我们应该积极的拥护中央，中央有错，我们应设法纠正；不能纠正的话，我们还是拥护中央，因为它是中央"；其二，谨言慎行，不乱干政，要懂得"什么是他所知道而可发言的，什么是他所不知道而不应该发言的”[1]。若将此文与前引周鲠生所说，知识阶级乃是“一切政治运动社会运动的指导者”以及吴鼎昌所谓“世运转移之责不在今日之所谓将相，而在今日之所谓士大夫”的自负相较，不难看出，自由主义知识分子实已舍弃了以社会精神领袖自我期许的浪漫；但在放低身段、增加自知之明的同时，却又不免步入了甘为国民党政权附庸的误区。不过，与此同时，还存在以胡适为代表的另一种视角不尽相同的反省与总结：胡适以为，中国之所以至今无法振衰起弊，端在未能形成“社会重心”。他主张创造出一个“重心”来，这固然需要包括诸多条件，但其中必包含“一个有势力的知识阶级”[2]。蒋廷黻的反省有助于打破知识阶级的浪漫与偏见，促进其关注中国国情，但同时也钝化了他们可贵的使命感与责任感。他自己很快为蒋介石看中并被委以要职，傅斯年批评说，“此间一切读书朋友对定［廷］黼文章极不满。故此公虽邀西府之垂青，实已自弃其moral［道

[1] 《独立评论》第51号，1933年5月21日，第15—19页。

[2] 胡适：《惨痛的回忆与反省》，《独立评论》第18号，1932年9月18日，第12—13页。

德］力量”[1]，都反映了这一点。而胡适的创造“社会重心”说，主张社会各阶级大团结，同时又强调其中知识阶级作用的无可替代性，虽同样超越了既往，但毕竟仍保持了知识阶级充当社会良知应有的使命感与责任感。缘此便不难理解，何以他不同于蒋廷黻，坚持自己国家统一不能走专制独裁道路的观点。

在国共对立与外患入侵同时并存的复杂政治生态下，胡适与蒋廷黻不同的反省，并非截然对立，而是相互渗透包容，共同反映出此期自由主义知识分子政治心态调整的多面相。他们主张为了减少社会成本，应在维护国民党政权的前提下实现国家统一，甚至愿意为此付出有条件接受专制政治的代价，这有放弃政治独立性、屈从权力之嫌，但也包含着历史合理性，是要看到的。以往人们多斥之为投靠国民党反动政权，有失简单化。他们由“恐共”走向“挺共”，既是民族大义感召的结果，同时，也反映了他们不仅在相当程度上仍保留有自己独立的政治品格、社会责任感和使命感，而且其主张开放党禁，国共联手，本身即构成

[1]《傅斯年致胡适》，载《胡适来往书信选》中册，第 238 页。

了对国民党一党专政的打击，和对此前针对共产党的污名化宣传的有力否定。这一切为其后国共实现二度合作，共御国难，做了重要的铺垫，更是应当看到的。

二 自由派知识分子与国民党的“剿匪”

自由派知识分子与国民党的关系，学界不乏研究成果，但也仍有拓展的空间。从 1927 年到 1937 年十年间，国共由分裂重新走向合作，历史场景发生了戏剧性的转换，其最重要的内驱力，是“兄弟阋于墙，外御其侮”，即抗日救国的民族大义；但究其最终能走到这一步的原因，又是多方面的，其中，国民党被迫放弃了十年来顽固坚持以武力消灭共产党的既定方针——“剿匪”，无疑是带根本性的重要一环。缘此不难理解，探究自由派知识分子对国民党“剿匪”政策的态度及其演变，便构成了深化相关研究的一个十分有意义的新视角。

（一）自由派知识分子的质疑："所谓剿匪问题"

自 1927 年 8 月 1 日中共在南昌打响了武装反抗国民党统治的第一枪之后，国民党血腥的清党便进一步发展成了试图以武力扑灭共产党的所谓"剿匪"，也称"剿共""剿赤"等的既定方针与政策。1929 年，国民党中央执委会通过"分区剿匪案"。次年 11 月，中原大战甫结束，蒋介石即倾全力加强"剿匪"。12 月初，他亲临南昌督战并在庐山召开"剿共会议"，相继发动了对江西苏区的第一、二次"围剿"。1931 年 5 月初，国民会议通过"国民政府剿灭赤匪报告"，其中说，"中国目前最大之祸患，阙为赤匪；国民政府与全国人民当前最急要之工作，亦莫过于扑灭赤匪"[1]，定"剿匪"为治国第一要义。九一八事变发生之际，蒋介石正主持对中央苏区的第三次"围剿"，他强调"攘外必先安

[1] 《国民政府剿灭赤匪报告——民国二十年五月十二日在国民会议第四次大会》，载罗家伦主编《革命文献》，台北："中央文物供应社"，1962 年，第 25 辑，第 179 页。

内”，“剿匪须硬干，快干，实干”[1]。

然而，形势比人强。自由派知识分子原先是相信，“在今日中国的状况下，为中国人民求生路计，自然只有希望国民党剿共及早成功”[2]，然而，对苏区的“围剿”接连惨败，动摇了他们对国民党“剿匪”的信心；同时，“九一八”后，国难当头，深刻地改变了国内的政治生态，缘于民族大义，更令他们不能不对国民党的整个“剿匪”政策产生怀疑。故在1932年4月召开的国难会议前后，自由派知识分子蒿目时艰，质疑问难，其思想一时显得空前活跃和大胆。陶行知说：“自沪变突发，国难益臻严重以来，国人要求主政之国民党公开政权以共赴国难之呼声，乃一时甚嚣尘上。”[3]

1932年6月底，丁文江与胡适在《独立评论》第6号发表了合写的《所谓剿匪问题》一文。远在北京的汤尔和看到了此文，专门致书胡适说：杂志收到，“大

[1] 《庐山剿匪会议》，《国闻周报》第9卷第25期，1932年6月第9页。

[2] 罗隆基：《论中国的共产：为共产问题忠告国民党》，《新月》第3卷第10号，1931年6月（准确日期不详），第8页。

[3] 彬（陶行知）：《由训政达到“真”宪政之质疑》，《申报》1932年4月6日，第1版。

致看一遍，以老丁之《剿匪问题》为最有精彩”[1]。时汤尚未变节，其目光不失锐利。从题目不难看出，二人文章的命意即在于公开质疑国民党的“剿匪”政策。何谓“最有精彩”？说到底，当在于它十分凝练和鲜明地聚焦了其时自由派知识分子的普遍舆论，同时也反映了是时他们思想的活跃与大胆。这主要集中于两大方面：

第一，公开质疑国民党“剿匪”的合法性。

二人的文章说，“现在国民政府又要大规模的‘剿匪’了。不但派定了剿匪总司令和副司令，而且蒋介石先生出发到了庐山”。但是，“我们先要知道‘剿匪’两字怎样解释”。国民党的反共，先说是“清共”，后说是“讨共”，最近改称“剿匪”。这些说法的变换并没有改变中共本身并非是“匪”，而是国民党政治对手的事实；但却可以使当局“发生了心理上的变化”，因为“‘匪’不是内乱，‘剿匪’不是内争，名称一变换，就可以粉饰太平，说军政时期终了了”。这就是说，国民党是以“剿匪”为借口，掩盖制造“内乱”“内

[1] 《胡适来往书信选》中册，第 123 页。

争”的事实。当时天津《大公报》社长吴鼎昌正与黄炎培、史量才等人酝酿并最终发起成立全国废止内战大同盟，主张停止一切内战，共同抗日。吴鼎昌在南开大学讲演说：“无意义的内战，现在固然打不得了，就是那有意义的内战，暂时是也打不得了，恐怕结果都是为敌人打的啊！因为据本人观察，无论打什么旗号，他们都无非是‘私战’！”[1]《大公报》为呼吁废止内战连续发表社评，说：国亡无日，眼看要同归于尽，“故任何性质之国内战争，胥宜有以消弭而停止之。此全国上下所宜痛切猛省，迅下决心，共起尽力者也”。但是，内战如何定义？时人不无争议，其中最重要一点，是要回答国民党“剿共”是否属于内战：“论者尝以剿共是否内战为疑问。”[2]《大公报》社评虽然一再呼吁停止内战，然而，说到这一点，又不免王顾左右而言他了。这自然是迫于政治的压力使然，但是，与之相反，丁、胡的文章却是直言不讳，指明了国民党所谓“剿匪”，无非在玩弄概念，究其实质就是“内乱”“内

[1] 《废止内战大同盟》,《国闻周报》第9卷第25期，1932年6月，第2页。

[2] 《进一步之废止内战》,《大公报》1932年7月21日，第1张第2版。

争”即“内战”。丁文江在另一处甚至说：依废止内战大同盟反对一切内战的定义，“‘剿匪’当然是内战”[1]。换言之，国民党“剿匪”，不具有合法性。其言论之大胆，不言而喻。

此外，丁、胡还进而指出，国民党政府何不反省自己：共产党愈剿其力量愈发展，原因何在？他们认为，“无疑是，共产党是贪污苛暴的政府造成的，是日日年年苛捐重税，而不行一丝一毫善政的政府造成的，是内乱造成的，是政府军队‘斋寇兵，资盗粮’造成的”。所以，必须“停止一切武力剿匪的计划与行动”，转而惩治腐败，改良政治，才是正道。如果我们注意到二人明知蒋介石正在庐山召开“剿匪会议”，那么，便不难理解，他们公然要求“停止一切武力剿匪的计划与行动”，是表现了怎样的勇气。

值得注意的是，此种观点随后被陶行知进一步发挥，概括为有名的三论《“剿匪”与“造匪”》，连续发表在 1933 年 6 月底至 7 月初的《申报》上。他说：“吾人亦认为今日举国之‘匪’，皆黑暗之政所造成。政治

[1] 《废止内战运动》,《独立评论》第 25 号，1932 年 11 月 6 日，第 3 页。

上既一面造匪，政治复一面剿匪。在此矛盾之行为下，‘匪’既绝不能以剿而绝，或且以剿而势日以张大。”“故曰：‘剿匪’者政府，而‘造匪’者实即黑暗之政治也。”[1]又说：“既逼民变，复从而围剿，事之可悲，孰逾于此。吾人诚欲为此万千无辜横死之同胞极口呼冤。”[2]陶行知径斥国民党的“剿匪”，是官逼民反而复围剿之，不仅是失政，而且是惨无人道之举。这较之丁、胡，自然是更加尖锐了。“‘剿匪’与‘造匪’”论，入木三分，为更多人所演绎。如，《国闻周报》上有《剿匪要义》一文写道，“是以与其言剿匪，尚不如讨贪污，此治本之策也”，“果各省停止造匪，则匪日渐衰”；否则，“茫茫禹域，谁知其所届哉！中国五千年不闻共产党，而亡国数度，是足知剿共纵奏凯，亦不心免于亡”[3]。国民党“剿匪”之不具合法性，在自由派知识分子中，很大程度上实成共识。

第二，公开宣称共产党是政党不是“匪”，主张开

[1] 彬（陶行知）：《“剿匪”与“造匪”》，《申报》1932 年 6 月 30 日，第 3 版。

[2] 彬（陶行知）：《再论“剿匪”与“造匪”》，《申报》1932 年 7 月 2 日，第 3 版。

[3] 《国闻周报》第 9 卷第 25 期，1932 年 6 月，第 4 页。

放党禁，让共产党“合法化”。

应当指出，“‘剿匪’与‘造匪’”论，虽不失尖锐，但它仅着眼于二者间的因果关系，不自觉地却预设了前提：“匪”是客观存在的，问题只在于认识其产生的根源与消弭的方法不当。故论者多强调治本之方，乃在于肃清贪腐。这与国民党当局所谓“剿匪”是七分政治、三分军事，不无相通。也唯其如此，其时中共也不认同此种说法（下文将谈到）。故若仅停留于此一层面，自由派知识分子对“剿匪”的质疑，便不免缺乏力度与创意。丁、胡文章所以“最有精彩”，还在于其核心的主张，转进一层，径直宣称共产党不是“匪”，公开要求国民党开放党禁，让共产党“合法化”。他们反复强调说，“共产党是有组织，有主义，有军队枪械的政敌”，“并没有因为国民党对于他们改变了称呼，就丧失了他们政党的资格”。“我们对于国民政府，要请他们正式承认共产党不是匪，是政敌”。所谓“要请他们正式承认”共产党的政党资格，前提自然是：国民党应该开放党禁，让共产党“合法化”。不难看出，否定共产党为“匪”，这才是釜底抽薪，它超越了“‘剿匪’与‘造匪’”，从根本上颠覆了国民党“剿匪”的合法性；同时，复将问题与自由派知识分子一向渴望的国民党放弃一党专政、实行民主宪政的政治诉求相联系，从而尽显了质疑的锋芒与力度。

最初揭出此一主张的始作俑者并非丁、胡，早在1927年5月，《现代评论》就刊登了熊保丰的读者来信:《国共之争——致现代评论记者》。时“清党”初起，这位读者不满于国民党血腥杀戮，而主张让共产党“合法化”。他在信中说，“国共既不可能重归于好，我们主张：今且不必问共产主义是否可以适用于中国；如果我们承认共产党是一个和国民党一样的‘党’”，“则国民党的‘清党’手段，不应该是杀戮，而应该是拼拒共产党于国民党之外，使它成立一个敌党。相竞相长的手段，不是武力的强弱，而是主义的优劣。最后判断胜负，也不是枪炮，而是众多的人民”。“共产党应当明目张胆来与国民党对垒”[1]。其时，腥风血雨，此说不免天真，无异于与虎谋皮，事实上也并未引起社会关注；但《现代评论》能刊登这样的来信，毕竟勇气可嘉。其后，以胡适为代表的自由派知识分子虽然

[1] 《现代评论》第5卷第128期，1927年5月21日，第20页。

一再呼吁国民党开放党禁，但后者置若罔闻；同时，他们所谓的开放党禁，实际上也并不包含（实不敢主张）共产党在内。甚至直到1932年年初，《大公报》社评还这样写道：当下促成宪政的呼声虽高，但“有重要一点，为一般所忽视，或不欲言不敢言者，关于共产党之问题是也”。依宪政精神，当许各政党存在并在政治上自由活动，诚如是，共产党“应亦在开放党禁之列是也”。“惟吾国近日之一切言论，皆以共党除外为前提。即近是要求实行宪政之各方面，亦不主张对共党之弛禁。故现在开放党禁之呼声中，并不含共党。”[1]“九一八”后，时移势异，自由派知识分子才开始逐渐突破禁忌，发出了倡言共产党“合法化”的声音。1931年10月10日，王造时发表《救亡两大政策》一文[2]，明确提出国民党当取消一党专政，开放包括共产党在内的党禁，实现全国大团结，组织国防政府。时距九一八事变发生不到一个月，据笔者所知，王造时当是第一个发声者。《大公报》作为有名的大

[1] 《论开放党禁》，《国闻周报》第9卷第12期，1932年3月28日，第11、12页。

[2] 王造时：《荒谬集》，自由言论社，1935年，第1—32页。

报，也可谓奋勇当先。1932年3月24日，国难会议前夕，它发表社评《论开放党禁》，呼吁“对共党弛禁”，并谓意欲“促起政府社会各界对于此事之注意，问题重大，尚望详审考虑之也”[1]。同月30日，该报再发表社评《再论开放党禁》，内附梁漱溟来信说：“顷见二十四日贵报社论，主张对共产党宜承认其有言论自由，甚佩甚佩，此极应当提出研究讨论之问题，乃国人竟置之不谈，一若不成问题者，未免不思之甚。”[2]《大公报》对自己的敢言，一时颇为自负：“本报社论首先主张共党也该使在谈说理论一方面得到自由。谁者不以为这种看法再正确没有。”[3]由是可知，上述丁、胡要求国民党“正式承认共产党”，固属直言不讳，同时又是得益于既有舆论的铺垫。

自由派知识分子所以纷纷倡言接纳共产党，说到底，是反映了对国民党奉行“攘外必先安内”不抵抗政策的不满。他们指出：“吾人最痛心者，日阅武力侵略，我不

[1]《国闻周报》第9卷第12期，1932年3月28日，第12页。

[2]《大公报》1932年3月30日，第2张第8版。

[3] 编者：《我们到哪里去？》，《现代思潮》第29期，《大公报》1932年4月9日，第2张第8版。

能与战，而本国同胞，则尚须为惨酷之血战，此四万万人民良心上极大之痛苦！”[1]政府所谓“攘外安内”“抗日必先剿匪”，都无非自欺欺人。仅其一端，犹虑心力不足，况欲二者并行，事实已证明绝难有成。更重要还在于，日本侵华，关乎民族存亡，无可调和；而共产党问题则不同，大家都是中国人，自有解决中国自身之事的办法。“我们的意思如此：对外是中国人与日本人的生存竞争；对内是中国人与中国人的主义竞争。”“从民族观念的立场上说来，与其被外族征服，毋宁在同族中表示退让。”政府应放弃“剿共”，与民更始，另辟和平的道路解决共产党问题，即“谋有条件的政治妥协，这绝非可耻的事情”[2]。要言之，当以民族大义为重，“打破历史恩仇，尽捐党派情感，能抚则抚，力求团结一致，先其所争，共同自卫，打开血路”。缘此国共和解，“以便抽出军队，捍卫国家，如此不特足以发扬光大废止内战运动之精神，抑又可以确立全民自救之阵容，一振内政

[1] 《蒋汪入京》，《大公报》1932 年 1 月 21 日，第 2 张第 8 版。

[2] 《清共以前绝对不言抗日》，《益世报》1933 年 4 月 12 日，见《国闻周报》第 10 卷第 15 期，1933 年 4 月，第 7 页。

外交之颓势，功莫大焉！”[1] 值得注意的是，陶行知与王造时的见解要显得激进。前者以“不除庭草斋夫”笔名，在《申报·自由谈》发表《颠倒的逻辑》一文，全文不过百余字，其中说：中国的国事真是颠倒了，这原因是由于逻辑的颠倒。蒋介石说“攘外必先安内”；孙科说“救中必先救党”。“我的见解恰恰与蒋、孙两君相反，‘安内必先攘外’，‘救党必先救国’。”[2] 后者则在《安内必先攘外》一文中指出，政府“攘外必先安内”的政策误国已深：正是据此政策，它不派大军北上抗日，而调动三十多万军队去“围剿”共产党；上海之战，宁愿坐视十九路军孤军苦战，而不愿移江西的军队增援淞沪；对日本侵略得寸进尺，“不惜忍辱负重”；对国联，“明知其不可倚赖而倚赖”；对于国内的个人与团体，则压迫日甚。然而，“围剿共党也未见得有什么成功”。事实已证明了这个政策的失败，政府再不改弦更张，“其势非逼成大革命不可”。王造时与陶行知的主张不谋而合：“我现在要主张一个相反的政策，就是‘安内必先攘外’”，抗日是一面旗帜，国共两党谁能举起这面旗帜，国民将拥戴

[1] 《进一步之废止内战》,《大公报》1932 年 7 月 21 日，第 1 张第 2 版。
[2] 《申报》1932 年 1 月 8 日，第 17 版。

谁：“一般人民在这种紧张的空气里面，恐怕只有跟着真正抗日的势力走。谁能抗日，就拥护谁；谁不抗日，就反对谁。这样一来，中央政府岂不成了 1920 年以后土耳其的君士坦丁政府吗？其命运也就可知了！”[1]

至于怎样实现共产党“合法化”，则多语焉不详，仅停留于原则表述：依西方宪政通例，共产党要放弃暴力革命以换取政党的法律地位，享有言论自由，可以和平竞争政权。《大公报》社评《论开放党禁》说：“所谓开放党禁者，乃以不暴动不破坏秩序为前提。具体言之，谓宜分别暴动之赤匪，与无暴动情事之共党为两事。”前者有违国法，构成内乱，须加裁制，“后者则在开放党禁之时，原则上许与其他政党皆处同等地位”[2]。丁文江也强调，“我不希望中国共产党党员放弃共产主义，我只希望他们从实际政治立场，脱离第三国际，放弃暴动政策，从秘密党变成公开党，要求有公开宣传主义的自由”[3]。他甚至表示，“我们不妨让它

[1] 王造时：《安内必先攘外》（1933 年 1 月 20 日），载《荒谬集》，自由言论社，1935 年，第 110—119 页。

[2] 《国闻周报》第 9 卷第 12 期，第 12 页。

[3] 丁文江：《评论共产主义并忠告中国共产党党员》，载宋广波编《中国近代思想家文库·丁文江卷》，中国人民大学出版社，2015 年，第 227 页。

占据一部分的土地，做它共产主义的实验”，但若仍要行暴力革命，“我们应该赞助政府以全力扑灭它”[1]。梁漱溟也表示，依西方宪政原则，“各党公开，而共纳诸合法之政轨，如法国共和而不禁王党”。“于共党亦然，国家许其公开，并不必问其愿否参加政治”，但若有危害社会的言行，“仍以国家之强制力处分之”[2]。

由此可知，我们在肯定自由派知识分子倡言弛禁共产党的动机是出于民族大义，希望实现全国统一以共赴国难的同时，也必须指出，其中尚包含有两层含义：一是共产党若获弛禁，走上“合法化”的轨道，他们梦寐以求国民党开放党禁，实现民主宪政的理想，便有可能梦想成真；二是共产党若能成为合法的政党，即意味着放弃了暴力革命，如此自己长期“恐共”“恐赤”的心病可弭，又岂非幸事？尤其是后面一点，更令他们津津乐道。所以，他们在向当局陈言时，总不忘强调这才是化解“赤祸”“共祸”于无形的最佳方案。明白了这一点，便不难理解何以《益世报》有文将之

[1] 丁文江：《废止内战的运动》，同上书，第 4 页。

[2] 见《再论开放党禁》，《大公报》1932 年 3 月 30 日，第 2 张第 8 版。

概括为“武力抗日，政治清党”了[1]。正是缘于此种复杂的思想面相，使当时的共产党对自由派知识分子提出的主张，抱怀疑甚至排斥的态度（在下文将谈到）；同时，这也决定了他们在时局发生新的大变动时，便难免趋于分化。

不过，王造时颇不同，其关于国共彼此作必要妥协的主张，更富有创意与建设性，表现出了其人鲜明的个性。他写道：

> 若是妥协，请问又有什么条件？我认为在共产党方面：（一）应该停止阶级斗争，阶级革命的政策。须知现在中国的问题，是打倒帝国主义（尤其是日本）及其工具的问题，全国民众，无论那个阶级，都是同受压迫榨取，应该联合战线，不应该分裂革命的势力。（二）应该交出红军，改成为国家的军队，民众的武力。在国民政府方面，也应该履行下列两个条件：（一）实行民主政治，让共产党及其他各党派公开的和平的作参政活

[1] 《清共以前绝对不言抗日》,《益世报》1933 年 4 月 12 日，见《国闻周报》第 10 卷第 15 期，1937 年 4 月，第 7 页。

> 动，大家捐弃过去一切仇恨，共赴国难，抵抗日本帝国主义。（二）令全国各军人交出据为私有的军队，与红军一律改为国军，开赴前方抗日。[1]

这里需要指出以下几点：王自己说是看到了蒋介石有劝共产党归顺的文告，和“九一八”后毛泽东、朱德发表有在一定条件下愿与其他军队共同抗日的宣言，才思考提出上述建议的。故他强调共产党是有主义与组织的政党，“政府不应该把他们当做土匪看待，也不应该把他们当做被征服者看待”。这说明，他不仅是在较多地了解了国共双方情状的基础上提出意见，而且全然没有上述自由派知识分子“恐赤”“恐共”的心理阴影与隐含“政治清共”的意欲；故其提出的双方妥协的条件，显然经过了深思熟虑，具体并有一定的可操作性，从而展现了远为客观与开阔的视野。此其一。他提出的双方妥协的条件，在很大程度上已预示了西安事变后国共再度合作所达成的和谈条件的基本轮廓。这反映了他高度敏感的全局意识与锐利的日

[1] 王造时：《五月十日的主张》，载《荒谬集》，自由言论社，1935 年，第 185—186 页。

光。此其二。他虽然认为共产党过去的行动，也“有种种错误”[1]，对后者仍缺乏真正的理解，但就他指出在国难当头的今日中国，共产党应以提倡“联合战线”取代宣传“阶级斗争”才是明智的，足见其善意的批评中，不乏真知灼见。此其三。

上述丁、胡《所谓剿匪问题》所聚焦的自由派知识分子的呼声，汇成了一股公开质疑国民党“剿匪”政策和主张开放党禁、国共联手抗日不容轻忽的社会舆论。尽管其中见仁见智，而且未必获当时中共的认同，但无可否认，它毕竟体现了中国民族主义空前高涨的正能量，不能不对正在积极组织对苏区进行更大规模“围剿”的蒋介石和国民党当局产生严重冲击。

对此，国民党当局不仅不为所动，且极力加以压制。先是1932年召开的国难会议，国民党不顾民意，坚持将“剿共”列为大会的三大议题之一。随后蒋介石在南昌发表演讲，发出警告说：“有在此剿共严重时期，而主张抗日，应该严属（肃）处置。”这引起舆论不满，汪精卫为之辩解，并谓：“剿共即抗日，不剿共

---

[1] 王造时：《战的政策》，载《荒谬集》，自由言论社，1935年，第140页。

即等于不抗日。”“竟有些人主张应该移剿共之师以抗日”,“此无异为虎作伥”[1]。同样杀气腾腾,溢于言表。“剿共”不容质疑，遑论“弛共”！王子壮时任国民党中央执委会秘书，他在1933年4月初的日记里透露了国民党最高层的意向，其中记载说：蒋介石急赴江西指挥“剿共”，“讵可与昔之内战同语”！常委中有人代达宋庆龄“附启”，内称“共党于一月间曾表示只要允其公开宣传，彼可合力抗日云云”。“以现时之情势言,（纵欲）妥协，讵谓为可。盖凡扰乱社会秩序之人，固无自由之可言也。”[2]足见国民党对于自由派知识分子热心倡言的以共产党“合法化”谋合作抗日的主张，完全不屑一顾。至于《申报》在发表了陶行知的三论《“剿匪”与“造匪”》之后，即遭蒋介石下令禁止邮递，当局并最终强迫陶行知、黄炎培等离开《申报》;《大公报》遭“连日扣留”，并被国民党宣传部约谈，“指示《大公报》今后方针”[3]；王造时被上海公安

[1]《汪精卫昨晚返京》,《申报》1933年4月18日，第17版。

[2]《王子壮日记》第1册（1933年4月8、12日）,第348、350页,台北：台湾“中央研究院近代史研究所”编印，2016年。

[3]《邵元冲日记》(1933年12月15、16日),上海人民出版社,1990年,第1060、1061页。

局列入共产党的黑名单[1]；更有甚者，杨杏佛和史量才于1933年、1934年先后都遭暗杀等，都说明了国民党专制独裁之烈。

然而，对于大胆质疑国民党“剿匪”政策的自由派知识分子来说，当局的施压尚在其次；1934年年底，红军第五次反“围剿”失利，退出中央苏区，被迫进行长征所引起的时局巨大变动，才真正令其陷入了窘境。随着他们中许多人迅即见风使舵，重新站到国民党“剿匪”的旗下，由质疑“剿匪”，转向期盼“全歼残匪”，其内部的分化也成了不可避免。

（二）重归“剿匪”旗下：红军长征与自由派知识分子的分化

自由派知识分子质疑国民党“剿匪”之态度，发生根本性转变，于1933年11月的福建事变中，初见端倪。

其时，蒋介石对中央苏区发动规模空前的第五次“围剿”已历两月。由于王明“左”倾机会主义错误的

[1] 王造时：《对国家的认识——我的自供》，载《荒谬集》，自由言论社，1935年，第76页。

军事指挥，红军第五次反“围剿”从一开始便陷入了被动。福建事变发生后，蒋对于是否要分兵讨伐举旗不定，当晚电询《大公报》负责人吴鼎昌：“对于剿匪讨逆应如何处置为宜？请示复。”[1]吴晚到22日始回电，说明一时也颇犹豫，但他最终建议：“中央兵仍应以剿匪为重，对闽应以防范为主。”[2]尽管蒋后来还是分兵攻陷了福州，但吴“仍应以剿匪为重”的建议，说明其原有的质疑化为乌有，重新回到了认同国民党“剿匪”政策的立场。无独有偶，胡适随后也发表了《福建的大变局》一文，全然无视事变志在反蒋抗日的真相，斥之为与共党勾结，借口“取消党治”发动“内战”，乃罪不容诛的“大罪恶”；并断言，即便能逞于一时，终有人学当年的蒋介石，再现“清共”“护党”的局面[3]。足见，胡适同样重新回到了拥护国民党“剿

[1]《吴鼎昌致蒋介石电》(1933年11月20日)，台北“国史馆”藏“蒋介石档案”，档案号：002-090300-00010-268，转引自俞凡、孙晓丽《再论新记〈大公报〉与蒋政府之关系：以吴鼎昌与蒋介石的交往为中心的考察》,《新闻与传播研究》2015年第1期。

[2] 台北“国史馆”藏“蒋介石档案”，档案号：002-080200-00134-001。

[3]《胡适全集》，第21卷，第683页。

共”的立场，较前发表《所谓剿匪问题》，已判若两人。

随着红军第五次反“围剿”接连失利并最终退出中央苏区，被迫进行长征，自由派知识分子不仅改口高调颂扬国民党“剿匪”政策即将“大功告成”，而且公然为之出谋划策。这可以《大公报》为代表。

1934 年 2 月，蒋介石、汪精卫为闽变平复发表通电，《大公报》随即配发社评《读汪蒋宣言》，为国民党“剿共”政策“奏效”贺：“此半年中，国事有一大进步，即江西剿共之奏效”，“是以最近形势，赣匪必破，已成时间问题，最大限度，半年内决可告一段落，是以汪蒋宣言中治标一面，已渐近成功之标的，关于此点，中外俱渐有明确之认识”[1]。然而，遵义会议后中共确立了正确的政治与军事路线，红军长征开始扭转被动局面，展现了无限生机；《大公报》却不明就里，依然对国民党的“剿匪”称颂不已，乐观其成。1935 年年初，该报社评说，朱毛西窜，“已势成弩末，不足以有为矣”。其他各股亦然，“大势上则成局部问题，无复摇动人局之虑”[2]。是年 7 月，吴鼎昌与张季鸾入

[1] 《读汪蒋宣言》,《大公报》1934 年 2 月 20 日，第 1 张第 2 版。

[2] 《中国内政大势之改善》,《大公报》1935 年 2 月 23 日，第 1 张第 2 版。

蜀考察“匪情”，居然断言“朱毛虽能飞渡大渡河，然势成弩末，只能走，不能守，更不能攻”，各军“围剿”，已成困兽而已。人颇以朱毛与徐向前部会合为忧，余却以为其“合零为整”，正便于一举全歼[1]。《大公报》在此种心态下，自觉“今是而昨非”，复改口为国民党的“攘外必先安内”政策唱赞歌了：“中国救亡图存，经纬万端，而最急之务，莫过于剿匪。”“故剿匪安民，实为救亡图存之先决问题。”[2] 回顾“剿匪”的历史，可知“矧国家欲御外侮，首须肃清匪祸，休闲国力，是则安内即以攘外，事实所在，不容否认”[3]。需要指出的是，胡适不仅也在该报发表文章，为国民党御外不力辩护[4]，而且表示“抗日剿共”就是要“双管齐下”，一面对日谋两三年喘息时间，“使我们把国内的武装割据完全解决了”；一面“准备作那不可避免的长期苦

[1] 《蜀游杂记》，《国闻周报》第 12 卷第 26 期，1935 年 7 月 8 日，载林绪武等编《吴鼎昌文集》，南开大学出版社，2012 年，第 275、276 页。

[2] 《望军人努力剿匪》，《大公报》1934 年 2 月 20 日，第 1 张第 2 版。

[3] 《剿匪军事之问题》，《大公报》1934 年 11 月 15 日，第 1 张第 2 版。

[4] 胡适：《用统一的力量守卫国家！》，《大公报》1935 年 11 月 17 日，第 1 张第 2 版。

斗”[1]。故他极力赞成罗钧任提出的“三个原则”:“对日外交要一致，剿匪要一致……对内部政治要一致。”[2]强调“剿匪要一致”，说明胡适诸人已是怎样自觉地与国民党保持一致了。

但是，红军长征的星星之火毕竟仍在燃烧，故《大公报》虽云乐观，却也不忘提醒国民党当局“除恶务尽”，并为之出谋划策。从以下该报发表的社评题目便不难看出这一点:《消灭残匪还须努力》《川黔剿匪之关键》《赣川剿匪之比较》《今后之剿匪军事》《军事政治俱待努力》等。红军撤出中央苏区后，蒋介石曾发表《庆祝剿匪胜利之意义》一文，各报均在社评地位刊布。《大公报》另配社评《消灭残匪还须努力》，强调说：庆祝之余，不能忘了危机仍在，军事“围剿”并未完结。“在相当时期内,恐仍需要当轴之劳心焦思，缜密擘划，持以毅力，始可望彻底肃清。吾人因是唤起中央地方军事当局之注意，幸勿认为军事已了，毋

[1] 《胡适致王世杰》(1935年6月27日)，载《胡适全集》，第32卷，第491页。

[2] 《胡适致翁文灏》(1936年)，载《胡适来往书信选》中册，第319页。

宁更应争此最后一着，除恶务尽，以竟全功。”[1] 与此同时，它还刊载张奚若的《国事感言》，提醒当局未雨绸缪，重视陕北的“共祸”：“陕北的共匪现时为祸尚小，若不从速消灭，将来恐怕要弄到不可收拾的地步。四川的紊乱情形更不必说。川北不及早布置，将来战无可战，守无可守，退无可退，请问将怎么办理？”[2]

红军第五次反“围剿”失利后时局的逆转，固然是自由派知识分子见风使舵、改变初衷的重要原因，但是，以下两方面的因素也是要看到的：一是前文所述其主张弛禁共产党即含有借以消弭“恐共”心病的意涵，显然也发生了重要作用。既然眼看国民党的“剿匪”“成功”在即，顺水推舟，一了百了，何乐而不为？二是1932年也正是胡适为首的自由派知识分子由最初激烈批评国民党决意转向与之合作的重要节点，他们最终要退而与国民党保持一致，也势有固然[3]。然而，自由派知识分子并非铁板一块，其内部也缘是加速了分化。

---

[1] 《消灭残匪还须努力》，《大公报》1934年12月30日，第1张第2版。

[2] 《大公报》1934年10月7日，第1张第4版。

[3] 参见拙文《南京政府初期自由主义知识分子的政治心态（1927—1932年）》，《北京师范大学学报》（社会科学版），2018年第4期。

1935年下半年，由于接连发生了以下三件大事，互相激荡，促使时局再生深刻变动，从而成为了自由派知识分子加速分化的重要转折点：其一，华北事件的发生，进一步使中日民族矛盾上升为社会主要矛盾，制约了时局的发展。其二，一二·九运动前后全国学生运动空前高涨，反映了国人心理变动，加剧了国民党政权的信任危机："夫一般学生，无政权欲，无党派心，原则上为无成见之人也。去冬以来，全国大学生所表现之心理，为焦急烦忧不知国难演进之所止，因而不解政府实际之所为。对于政府是否正为救国负责，及如何负责，渐渐不能作判断。此近月来中国思想界无形之危机也。"[1] 其三，中共政策的重要调整。以8月1日发表《为抗日救国告全国同胞书》即"八一宣言"为起点，中共开始纠正"左"倾关门主义，明确提出了建立抗日民族统一战线的主张，同时调整各种政策。到西安事变前，中共实已主动提议国共再度合作，表示愿意建立全国统一的民主共和国，届时苏区可以成为统一国家的一部分，其代表参加国会，红军服从

[1] 《政府与国民心理》，社评，《大公报》1936年7月13日，第1张第2版。

统一的军事指挥，等等。而在此之前，中共曾将质疑国民党“剿匪”、主张弛禁共产党、国共联手御侮的自由派知识分子，都视为“反革命派别”：“他们认为‘不发展匪区经济’，‘不安定匪区民生’，‘匪不但是“剿”不完，而且将愈“剿”愈多’。”“更有人认为在目前‘对外重于对内’，故主张‘如共党可改编为国军’。这类武断宣传，现在差不多在很多报章杂志上，都经常的发表出来。他们一致的目的，是在用更聪明的方法在政治上准备进攻苏区与红军，用更狡猾的方法来欺骗民众……好这样来维持地主资产阶级的统治。”[1] 这些轻率的见解，显然都失之于“左”。故不难看出，现在中共大胆的新思维，不仅与此前自由派知识分子的主张有相通之处，而且在许多方面其实超越了后者的想象。

要言之，上述三件大事相辅相成，预示了抗战时局的新生面，尤其是中共提出建立抗日民族统一战线的主张，不仅获得了各界人士普遍的热烈响应，而且，

[1] 《中央关于帝国主义国民党第四次“围剿”与我们的任务的决议》（1932 年 6 月 21 日），载中央档案馆编《中国共产党文件选集》第 8 册，中共中央党校出版社，1991 年，第 271 页。

同时也在国人面前，以十分诚恳的态度与鲜明的立场，揭出了抗战救国无法回避的现实性问题——“共产党的问题”：“现在所谓‘共产党的问题’，就是中国共产党与中国统一的关系的问题”，“即因共产党的新政策而引起的”[1]。换言之，颇具讽刺意味的是，所谓“共产党的问题”，说到底，就是在新形势下，国人需要重新质疑国民党的“所谓剿匪问题”。

在这方面，王造时与范长江的思想发展具有典型性。王造时，1930年留学归国后任东华大学教授。自谓受九一八事变的刺激，开始在《新月》等杂志发表政论，批评国民党一党专政，主张民主政治。后将1931年9月18日起至1933年12月30日止的文章，编辑成《荒谬集》一书，于1935年出版。如上所述，他对国民党“剿匪”政策的抨击及主张国共相互妥协以联手御侮，已有别于其他自由派知识分子，显得更客观与激进。故蒋介石曾通过其同乡李烈钧、同学左舜生，邀他去南京或庐山见面，试图拉拢他，但被他

[1] 徐芸书：《（附录）论共产党的问题》，载王芸生《由统一到抗战（芸生文存第二集）》，收入《民国丛书》第一编（98），上海书店，1947年，第49页。

谢绝了。蓝衣社头目刘健群为此专门到上海找他谈话：“他说，政府正在准备抗战，但抗战必须全国统一，而统一全国就必须先剿灭破坏统一的共产党。我最好去南京工作，向政府提供建设性的意见，不要在上海哇喇哇喇地发空言论，妨害国家大计。蚊子嗡嗡叫有什么用呢？只要举手一拍就完蛋了。”这自是威胁，但没有吓倒王造时，他当即回答说：感谢“好意”，“但是我满意于现在的教书工作，不愿变更。至于国家大事，愿抒所见，决不会超越三民主义的范围”[1]。福建事变发生后，他发表《为闽变忠告当局》，与胡适诸人斥其勾结“共匪”、罪不容诛的态度，截然不同。他认为，“福建事变是一种富有政治意识的运动”，与以往的各种内乱性质不同，也非国民党内部的问题，而是国人不满于前者对日不抵抗政策激起的一种“以武力反对国民党的问题”。他写道：“自‘九一八’国难发生以来，政府当局的态度，始终是不抵抗，那是无可讳言的。我们始终大声疾呼抗日，并屡次指出安内先必攘外。不料言者谆谆，而听者藐藐。”“‘九一八’到现

[1] 《王造时自述》，载叶永烈编《王造时：我的当场答复》，中国青年出版社，1999 年，第 83—84 页。

在已经两年有余，局面愈闹愈糟。自己干不了，又不让人家帮忙”，“党外有政治主张的人固不见容于当局；党内不同派系的人，也是被排于圈外。这样，那里不逼上梁山，酿成叛乱？”[1]如果我们注意到，顾颉刚在日记中曾对红军反“围剿”的胜利表示欣慰，甚至说，“今日之望共党，正如清末之望革命。但愿成功之后，勿如国民党之腐化耳”。而在福建事变当天，又写道“南京政府当又在被革命之列矣”[2]，显然对事变也是取肯定的态度；那么，从王造时到顾颉刚，足见闽变乃彰显自由派知识分子趋向分化之起点，不亦宜乎。

同时，也唯其如此，王造时在红军被迫长征、时局逆转之后，不仅没有见风转舵，而且，恰恰相反，在北平一二·九学生运动发生之后仅三天，即与沈钧儒、章乃器等共七人（人称“七君子”），在生活书店用聚餐会名义集会，商讨支持北平学生和推动沪上抗日救国运动。他们于1936年先后成立了上海各界救国联合会与全国各界救国联合会，通过宣言，明确表

[1] 王造时：《荒谬集》，自由言论社，1935年，第253—255页。

[2] 《顾颉刚日记》（1933年5月22日、11月20日），台北：联经出版事业公司，2007年，第49页、113页。

示赞成中共提出的抗日民族统一战线的主张，要求国民党停止内战，一致抗日。同年年底，王造时作为全国各界救国联合会的领袖人物之一，与沈钧儒等被国民党以“危害民国”罪逮捕入狱，这就是轰动全国的“七君子”事件。他们在狱中坚持原则，决不屈服，直到西安事变后才获释。同样需要指出的是，与此同时，北京文化界受上海同行的鼓舞，也发起成立北京文化界救国会，一百八十余人联名发表宣言说：我们知道主张抗日会受到压迫，会被加诸罪名，“便是‘共党’呀，‘通共’呀，这一些无上可怕的名义。但是我们为爱国心所驱使，决不因他们的诬蔑而改变！我们救国的行动，决不因他们的压迫而挫折；我们宁为自由而死，不为奴隶而生”[1]。组织者马叙伦后来回忆说，此前北大曾为抗日问题召开教授会，会上他与许德珩等主张抗日的教授与胡适等发生争执。“胡适是主张好人政府的，这时，这些好人已‘登龙门’了，胡适当然也是靠政府牌头的一个。”“胡适便不同意我们的主张，他是相当会说话的，很婉转地说明应该让政府去

[1] 马叙伦等:《北平文化界救国会第一次宣言》,《生活周刊》第3卷第1期，1936年3月1日，第664页。

主持的意思。”[1]双方争执不下，自己愤而退场，后与各校的教授合作，组织了北平文化界抗日救国会并任主席。京沪文化界救国运动，不仅推动了学生爱国运动与全国抗日救国运动的高涨，而且其本身就彰显了自由派知识分子的进一步分化。

范长江是一名自由派新闻记者，自谓：“我的政治关系只有一个，就是‘我是中华民国的国民’。我的职业是‘纯粹自由职业的新闻记者’。我们自由职业者不反对人家有党派，但是自己不愿有党派，因为我们的立场是整个中华民族的利益，向着这个目标努力的任何人，都是我们的朋友，违反这个目标的人，都未便加以赞成。”[2]1935年，他作为《大公报》特约通讯员，只身到西北采访，因时局变化，他改变原来环川旅行的计划，决定去川西北采访红军。7月中由成都出发，冒险独行，艰难跋涉，于9月初到达兰州。采访历时十个月，其间撰写了《岷山南北

---

[1] 马叙伦：《我在六十岁以前》，收入《民国丛书》第二编（86），上海书店，1947年，第115页。

[2] 范长江：《西北近影》（五），《大公报》1937年2月21日，第1张第3版。

“剿匪”军事之现势》《陕甘共魁——刘志丹》《毛泽东过甘入陕之经过》《从瑞金到陕边——一个流浪青年的自述》等系列通讯在《大公报》上发表，震动全国。1936年下半年，这些通讯收入《中国的西北角》一书出版，读者争购，三年多时间内，即加印了八版，一时洛阳纸贵。范长江西北通讯的巨大成功，端在于他坚持对时局客观、真实的报道，同样有力地表达了国人反对国民党“剿匪”政策，要求停止内战，一致抗日的普遍诉求。综合看，其系列通讯荦荦大者，有三：

其一，通讯具体而客观地报道了红军长征及其在川西北的真相，打破了国民党宣传红军即将被消灭的谎言。

范长江在《从瑞金到陕边——一个流浪青年的自述》[1]中，报道了中央红军从长征开始，到巧渡金沙江、通过彝族区、抢渡大渡河、夺取泸定桥、翻雪山过草地等艰苦卓绝的事迹。这是当年报道中第一次记述长征全过程的著名通讯，时斯诺尚未进入陕

[1] 《大公报》1935年11月26日，第1张第3版。

北，在他的《西行漫记》出版前，尤显弥足珍贵。他在《岷山南北“剿匪”军事之现势》一文中指出，红军撤离江西，“此并非战略上之单纯决定，而实表示中国内在政治形势之重大推移”。红军坚持夺取城市的斗争既不可行，复因物资缺乏，江西农民无法支持，故不得不实行长征，以求“另寻出路”。他预测红军的走向，一是“争取四川”开辟新的根据地，一是“打通国际路线”，与苏联联系。[1] 事实证明，范对红军长征之战略动因及其未来走向的分析与判断极具预见性；但更重要的是，他的通讯客观地报道了事实真相，打破了国民党宣传机器所散布的红军即将被消灭的谎言，使国人认识到红军非昔日的石达开，它已度过了最艰难的时期，并开始了新的行动。不久，果如其所料，红军离开了毛儿盖，在洮、夏两河流域破天险腊子口，越岷山，最终冲出了重围，展现了中国革命全新的历史格局。范对红军长征表示了崇高的敬意，他写道：过雪山如此艰难卓绝，然而，“欲成大事者，必固其基。源愈长，则此河之前途愈

---

[1] 范长江:《岷山南北“剿匪”军事之现势》,《大公报》1935年9月13日，第1张第3版。

有浩荡奔腾之日；基愈固，则人生事业愈不敢限其将来”。“人在艰难困苦荆棘丛生里苦斗之日，何曾有人愿加以援助？此种成败论英雄之俗见，最易丧失青年奋斗之勇气。惟自奋斗者本身言之，大可闲耳不闻俗人话，专心一志奔前程！”[1]身历其境，有感而发，此不啻对红军的祝愿了。

其二，对国民党所谓“剿匪”“攘外必先安内”政策的有力鞭挞。

范长江的西北通讯，多为独家新闻，它以客观事实有力地鞭挞和否定了国民党的“剿匪”“攘外必先安内”的政策。例如，通讯写道，在川西平原上，处处是军事要塞，碉堡群星罗棋布，或踞城头，或占阡陌良田之上，“整个川西平原，已成一个碉堡世界”，“剿匪”空气之沉重，令人压抑。他评论道：“任何军队如果要想通过这条碉堡线，殊非易事。记者曾亲历热河战争和长城战争，如果当时也筑了这样严密的工事，则敌人当然不能长驱直入，我们的军队也可以从容应付，不至一败涂地，造成那样可耻而奇重的牺牲

[1] 范长江:《成兰纪行》(七),《大公报》1935 年 10 月 1 日，第 1 张第 4 版。

了。”[1] 通讯还指出，淞沪抗战中的英雄部队十九路军将士，因参加了福建事变，竟被调到川西北丛山峻岭中“剿匪”，结果死伤惨重。他说：“病兵多直鲁豫人，如不设法转地疗治，恐断难有生望。北国家人闻此消息，不知作何感想也。”[2] 这显然是对国民党热衷内战的有力鞭挞！同时，通讯同样以有力的事实，再次证明了共产党不是“匪”，而是有理想有组织和得民心的中国新的政治力量。《陕北甘东边境上》写道：陕甘宁一带因政治黑暗，土匪遍地，民不聊生。共产党刘志丹部所据地区则大不同。“他同时受过黄埔时代新的政治训练，并受过共产党组织的熏陶，所以他的活动有目标，有方法，有组织，把个人主义的绿林运动，变为与社会合为一致的社会运动。”他分大地主的土地、牛羊与农民，减轻他们的捐税负担，结果是大得民心。当地某县长想召集民众训话，无人到会；“而苏维埃召集开会，则二十四小时之内，可以立刻齐集数百里以

[1] 范长江：《成兰纪行》（一），《大公报》1935 年 9 月 20 日，第 1 张第 4 版。

[2] 范长江：《成兰纪行》（六），《大公报》1935 年 9 月 30 日，第 1 张第 4 版。

内之民众”。朱毛中央主力到此疲惫不堪，却能对政府追兵实行反攻，使之溃不成军，实反映了刘志丹治下民众基础之深厚。通讯还进而评论说，少数地方官也想与之争民心，这说明：“在这些很闭塞的地方，仍然表示着中国政治的两大分歧。从现状中以求改进，与推翻现状以求进展，两种势力，无处不在斗争中。对实际问题有解决办法者，终归是最后胜利者。”[1] 应当说，这已非简单通讯，而为深刻的政论：它指出共产党非但不是“匪”，而且是有望解决中国问题新的政治力量。也唯其如此，范长江的通讯径称共产党的军队为“红军”，而不称其为“匪”，凡提到“剿匪”的地方，一律加上引号。如此旗帜鲜明，是需要勇气的，它显示了这位有良知的自由派记者可贵的敬业精神。

其三，鲜明地彰显了国人呼吁停止内战、国共联合抗日的普遍诉求。

范长江的通讯所以能轰动全国，说到底，端在于他借西北严酷的内战真相，鲜明地突出了国人呼吁停

[1] 范长江:《陕北甘东边境上》,《大公报》1935 年 11 月 25 日，第 1 张第 3 版。

止内战、国共联合抗日的普遍诉求。通讯《岷山南北"剿匪"军事之现势》在《大公报》发表时，另配有短评《岷江军事》，先是提醒读者关注本文："本报特约通讯员长江，从成都行五十日到兰州，其报告岷山军事形势的一封书（即文章——引者），值得大家注意一看。"接着，则是这样动情地写道："昨夜月圆，令人深深的想到苏鲁鄂处游离失所的千万灾民（指大水灾的难民——引者），与陕甘各地辛勤服务的百万兵士（指国民党的"剿匪"部队——引者）！中秋月照着全国，荒凉的岷江南北，也是一样地有明月呀！全中国同胞们，何日才能平和地，并且荣誉地，同过一度中秋！"[1] 中秋本是中国传统的团圆节，但是，当下的中国除了难民遍地，更有岷山南北惨烈的内战还在进行！显然，编辑披阅范长江自西北发回的这第一篇通讯，深受震撼，不禁悲从中来："全中国同胞们，何日才能平和地，并且荣誉地，同过一度中秋！"——它所表达的无疑是期盼停止内战，国人联合抗战一日的到来。而通讯发表之后立即轰动了全国，说明人同此

[1] 《大公报》1935年9月13日，第1张第4版。

心，心同此理，编辑的叹喟又恰反映了国人的共同心声。范长江后来回忆说，当年写这些通讯时，“自己还不完全了解共产党的主张”，因之也不可能具有共产党的立场。其思想状态是：“我也反对国民党要坚决消灭共产党的立场，所谓‘剿匪’立场。我那时的立场是停止内战，团结抗日，主要锋芒是反对国民党的一党专政，也不是主张马上要消灭国民党。”因此，文章中“贯彻了这样一个基本观点，国共两党要取平等地位，首先国民党要停止剿匪内战，共商抗日大计。因此，我在写作时，正式称中共军队为红军。凡是提到‘剿匪’的地方，一律加以引号，表示对于剿匪方针的否定”。“从 1927 年到 1935 年，在国民党的统治区中，在合法出版的报纸书籍中，公开称红军，对剿匪加引号，而且用文字公开透露出红军北上是抗日，并不是流寇，我是第一人。”[1] 其言甚客观。毫无疑问，正是缘此真诚的自由派记者的立场，其通讯感动了众多的读者，并进而扩大了其时正勃然而起的全国抗日救国运动的声势。

[1]　方蒙：《范长江传》，中国新闻出版社，1989 年，第 120 页。

从王造时成长为全国各界救国会的领袖人物即著名的“七君子”之一，名重一时，到范长江的西北通讯，石破天惊，誉满天下，都生动地反映了自由派知识分子的分化与其中真诚者愈趋激进的新趋向。需要指出的是，上述以《大公报》为代表，见风使舵，重归于国民党“剿匪”旗下的一批自由派知识分子，其民族大义未泯，于时局的变动，尤其是中共提出的建立抗日民族统一战线的主张，终究不能视而不见，故亦不免流露其内心的矛盾与彷徨。范长江的西北通讯能在《大公报》上接连发表，本身即反映了这一点。1935 年年底瓦窑堡会议后，中共进一步提出建立抗日民族统一战线的策略，并纠正过去一些“左”的政策，这也引起许多自由派知识分子的关注。1936 年 8 月，《大公报》社评就指出“共产党今年以来，政策上颇有重大改变”，土地与工商政策上，不再没收“不作汉奸之地主和富家的土地”“非汉奸之工商业”；外交上，不再“反对一切帝国主义”，而主张与同情中国的国家携手；对内政治上，则主张联合战线。“由此种政策的变动观之，则知其军事之变动，非偶然”，“今后值得研究者彼等果将向何处发展是也”[1]。所谓“今后值得研究者”，透露的显然是某种积极与肯定的意涵。11月，其社评又进一步这样说，“吾人默察大势，政府应付残共之策，似不出于继续追剿一途”，盖当局以为对方的“口呼‘抗日’是假的”；至于共党若放弃军事企图，政府是否会“承认其为一独立政党欤？然此仅一种揣测，距事实尚甚远耳。绥事方紧，故歼共西流与今后之内外问题，均有不可忽视者在也”。[2] 在这里，政府“应付”中共的政策“似不出于继续追剿之一途”一句，已隐含某种疏离的态度；而社评居然重提中共是否可能成为“一独立政党”的昔日命题，更不免有动摇“剿匪”既定方针的“嫌疑”；尽管它强调“此仅一种推测”，且为遥远的事情，但又说是为“不可忽视者”也。此种“口欲言而嗫嚅，足欲行而趑趄”，反映的正是上述内心的矛盾与彷徨。这与王造时、范长江诸人的阳光与激进，形成了对照。

---

[1] 《朱徐毛彭等之新动向》，《大公报》1936年8月24日，第1张第2版。

[2] 《残共渡河与今后》，《大公报》1936年11月9日，第1张第2版。

也唯其如此，缘西安事变，国共二度合作成为现实，国民党“剿匪”政策被迫走向终结之时，他们的心态同样不可同日而语。

（三）国民党“剿匪”政策的废止与自由派知识分子的心态

1936年12月12日，张学良、杨虎城为逼蒋介石抗日举行兵谏，在西安扣押了蒋，并提出停止内战，一致抗日的八项主张。这便是震惊中外的西安事变。虽经中共努力，事变得以和平解决，但事发突然，真相迷离，一时舆论蜂起。很显然，事变的走向将影响抗战全局，同时也势必决定国民党十年“剿匪”政策存废之命运。业已分化了的自由派知识分子，对此反应各异，耐人寻味。

梁漱溟在事变尚未结束前，即在一次讲演中预测国民党的“剿匪”政策将难以为继，他说：“剿共不易进行，这次事变以后，就形势上看，剿共事情恐怕就要停止下来。”[1]上海青年吴绛枫致书《大公报》记者也指出，国民党“安内攘外”的政策，“到今天这条路已走不通，因为国民的公意——抗日反对内战的公意，不允许再去‘安内’了”。“西安事变的解决而愈益显出其必然性”[2]。田光程则直接向国民党当局发出呼吁，他以为，痛定思痛，政府主动放弃“剿匪”政策，乃是当务之急：“为国家民族前途计，同时就想到共党问题究应如何解决？武力剿共政策是否仍应贯彻？如果认为武力剿共不是最彻底最有效的办法，应该如何改弦更张另辟途径？这些都是当前急要的问题。”他提醒当局，时至今日，不能再无视“人民心理的趋向”了：“多少年来青年人每阅剿匪胜利斩获多少的消息，辄自叹息，每有群众运动，呼吁联合的口号传入云霄。这是民众心理的表现。这种心理不可一味抹杀。因此武力剿共政策似有再加考虑的必要。”换言之，“在这种条件下，政府应该很诚恳地接受共产党人合作的要

[1] 梁漱溟：《我们对时局的态度》(1936年12月19日)，载《梁漱溟全集》第5卷，山东人民出版社，2005年，第926页。

[2] 见王芸生《三寄北方青年》一文附录，载王芸生《由统一到抗战(芸生文存第二集)》，收入《民国丛书》第一编(98)，上海书店，1947年，第35页。

求，大家共同负起救国建国的责任。任何外人不能阻碍中华民族‘团结建国’的要求，我们也没有任何理由非坚持分裂自残的政策不可！”[1] 王芸生也是《大公报》的记者，他劝慰当局说，废止十年的“剿匪”政策，在外交方面不必有所顾虑。“‘剿匪’也罢，‘内战’也罢，总之完全是我们自己的内政。”“现在我们不打了，自然也用不着询问旁人的意见。”“要求大家携起手来共走一条路线了，这有什么可怀疑的，难道只有自家斗气要拳头才算救国吗？”[2]

但是，胡适诸人则不同，事变发生后，不顾真相，便同声讨伐，尤其将矛头指向中共。胡适在事变六天后即发表《张学良之叛国》，指斥张勾结中共，不知后者主张抗日联合战线，只是“武装叛乱失败时的一种策略”，“只是一种无耻的欺骗”[3]。傅斯年强调，抗日容可商，剿共不能缓。“抗日与上吊不同，中国共产党所迫

[1] 王芸生：《（附录）如何团结建国》，载王芸生《由统一到抗战（芸生文存第二集）》，收入《民国丛书》第一编（98），上海书店，1947 年，第 52 页、59 页、54 页。

[2] 王芸生：《四寄北方青年》，《国闻周报》第 14 卷第 11 期，1937 年 3 月，第 5 页。

[3] 《国闻周报》第 14 卷第 1 期，1936 年 12 月，第 8 页。

政府者，是上吊，非抗日也。”[1] 他与张季鸾都积极主张中央出兵讨伐，后者甚至说：“西安所定办法不能有效，中央讨逆兵宜早进。”[2]《大公报》社评《对西安负责者之最后警告》更公然声称，当局的“剿匪”方针不容动摇：共党不足信，在没有改过自新的事实前，“无论标榜如何，政府必贯彻其十年来讨伐之方针而后已”[3]。

范长江以记者特有的敏感，不仅一开始便认识到了西安事变意味着中国政局正发生剧变，而且深知舆论游离，端在于“国人对此事之观察，大体多偏于感情的、对人的方面，而对于此事件演变之经过及其目前的实况，似不无相当隔膜”。即于事变真相，尤其是中共的现实政策多不甚了然。“西北局势之重大机微与紧迫，非中央当局与全国人士加以真实之觉察与断然之措施，将遗我艰难之国家以不可想象的恶果。”为报告真相，引导舆论，他没有征求报社领导的意见，毅然决定只身前往西安。1937 年 2 月 4 日，他在西安见到了周恩来，6 日复由西安到延安，会见了毛泽东。

---

[1] 胡适日记（1937 年 1 月 3 日），载《胡适全集》，第 32 卷，第 599 页。

[2] 见《翁文灏日记》（1936 年 12 月 24 日），中华书局，2010 年，第 101 页。

[3] 《大公报》1937 年 1 月 22 日，第 1 张第 2 版。

他与中共两位领导人分别进行了长谈。后者耐心地介绍了中共政策调整的缘由和建立抗日民族统一战线的具体构想，等等，令其茅塞顿开，原先对于中共有关阶级斗争与民族战争关系等理论，心存种种疑虑，现则涣然冰释。范长江迅即于2月14日返回上海，并赶在讨论西安事变后新局势的国民党五届三中全会开幕的第二天，即16日，在《大公报》上发表了重要文章——《动荡中之西北大局》。他在文中不仅指出“双十二之突发，共军并未参加阴谋”，相反，“力主和平”的事变真相；而且详细报导了中共纠正“左”的倾向后，真实的政策与主张，并强调“共产党之转变，在西北已有不少事实为之证明”，故是真诚的不是虚假的。文章最后呼吁国民党当局，顺乎民心，抓住时机，停止内战，实现与中共和解。他写道：

中央当局和全国国民必须正确了解，西北目前的局势，已成全国的政治问题，不是过去任何一件地方事件可以比拟；同时不能不了解西北局面下军民一般的心理：第一，是厌战悔祸之心，异常普遍；第二，大多数的军民绝无根本推翻国民政府的企图，最多不过是政策的商讨；第三，连过去坚强的反对派算上，对于蒋委员长勤苦谋国的精诚，已有深切的了解，只望蒋先生能以更大之胸襟，从政治机构的改善上促进和平统一，一切皆可迎刃而解。

但是我们不要忽视了西北现存的力量和另一方面的情绪，政治上不能寻出合理的途径，难保不再现出重新割据的局面，因而演成更惨烈连绵的内战。假如再内战下去，结果必是同归于尽，最低限度是鹬蚌相争。

三中全会现已开幕，对于当前的政治大问题，当然需要有一番缜密的商讨。不但水深火热的西北军民切盼着这次会议给他们好消息，全国民众也以异常关切的心情期待着。[1]

不难看出，是文既是为了引导社会舆论，同时也是希望能影响国民党三中全会的走向。范文发表当天，即有徐芸书致信《大公报》记者王芸生说，今日读此

[1] 范长江:《动荡中之西北大局》,《大公报》1937 年 2 月 16 日，第 1 张第 3 版。

大作，更可见中共的态度。“我想长江先生的记载是完全可靠的。”[1] 有趣的是，王芸生曾发表过三封《寄北方青年》，与青年谈时局，他对中共原是持怀疑的态度。但是，在 1937 年 3 月 13 日的《四寄北方青年》中，却是这样写道：“中共的转变，我们可以从他们一年来的宣言通电里见出他们的脚痕。关于他们的目前态度，我的一位同事长江先生，在他那篇《动荡中之西北大局》里说得最清楚。”“共产党的态度转变到这样，或会引起一些人的诧异，但却是‘团结建国’路上所必需的条件，我们应该毫不迟疑的接受这个态度。”[2] 可见范文在社会上产生了积极的影响。国民党三中全会最终通过了“根绝赤祸决议案”，此决议案除在文字表述上满足自己的虚荣心外，实际是接受了中共的主张，正式开启了国共二度合作的新阶段。这固然是整个时局发展的必然，但范文及时发表所产生的社会效应之影响，也是存在的。刊登范文的上海《大公报》当天

[1] 徐芸书：《（附录）论共产党的问题》，载王芸生《由统一到抗战（芸生文存第二集）》，收入《民国丛书》第一编（98），上海书店，1947 年，第 74 页。

[2] 王芸生：《四寄北方青年》，载《由统一到抗战（芸生文存第二集）》，收入《民国丛书》第一编（98），上海书店，1947 年，第 89—90 页。

下午到南京，由于文章所写内容与蒋介石在全会上的报告大不同，蒋斥该报总编辑张季鸾，以为不当发表这样的文章，实说明了这一点[1]。

国民党五届三中全会后，延续十年之久的“剿匪”政策，实际上是被迫废止了。面对此一结局，原先见风转舵，重归于国民党“剿匪”旗帜下，以胡适为代表的自由派知识分子，心境复杂。范长江自延安归来后，曾向胡政之汇报了中共政策的转变，并告诉他说，国共合作，“团结一定成功！抗战一定爆发！”他提出要立即撰文报导此一消息，胡不仅表示同意，且认为“此事非常重要”；后他对范的初稿只略加修改，即送新闻检查机关审查。但后者不敢负责，要求缓登。胡当即决定违检一次，先发表了再说。范后来回忆说，“对于这个新闻的把握和发表坚决方面，胡先生的作法，实在是可以称道的”[2]。这说明，胡对于国共合作，也乐观其成；但在三中全会后，《大公报》却又一再强调：政府“剿匪”乃出于不得已，“此十年来国家之惨淡牺牲，乃共党武装暴动所引起，此种事实不容不

[1] 方蒙：《范长江传》，中国新闻出版社，1989 年，第 117 页。

[2] 方蒙：《范长江传》，中国新闻出版社，1989 年，第 117 页。

顾”[1]。“今当内乱结束之日,政治上自就不算旧账”,“惟理论则须定，认识则须真”；[2] 共产党乃输诚受命，求自容于国家，“故所谓‘容共’，所谓‘国共妥协’之名词，皆不正确”[3]。其极力为国民党政府辩护的立场表明，胡适、张季鸾诸人虽最终接受了废止“剿匪”政策的现实，但与范长江、王芸生、田光程等人的主张——“今日之所谓团结，不是国民党容共，更不是共产党投降，而是中华民族在一个中心势力下共负救国建国的责任”[4]——毕竟不可等量齐观。范长江最终与张季鸾等分道扬镳，离开了《大公报》，并非偶然。

与此同时，胡适在 1937 年 6 月 6 日《独立评论》第 237 号的“编辑后记”中说，我们接到了周恩来先生从西安寄来的《我们对修改国民大会法规的意见》，现在发表陶希圣先生的《论开放党禁》一文，可视为

[1] 《勉东北军》，社评，《大公报》1937 年 3 月 2 日，第 1 张第 2 版。

[2] 《对于国事之共同认识》，社评，《大公报》1937 年 6 月 23 日，第 1 张第 2 版。

[3] 《对于陕北问题之认识》，社评，《大公报》1937 年 3 月 18 日，第 1 张第 2 版。

[4] 田光程:《(附录)如何团结建国》，载王芸生《由统一到抗战(芸生文存第二集)》，收入《民国丛书》第一编(98)，上海书店，1947 年，第 54 页。

我们对其主张的一种回应[1]。查陶文说：“九一八”后，人们为了开放党禁和民主制度斗争了六年之久，现在因国共和谈，有了最新的动力。“我个人的意见，以为要集中国力对外,必开党禁。要开党禁,便须放得极宽。”其原则就是：“是党就可以合法，是党就可以当选。”依法召开国民大会后，“国民党自己也退居多党之一的地位，即令能继续组织政府，也必须竞争选民，在民国大会里以得多数的选席才行，不能够和现在一样，直接以党的议决来组织政府”[2]。在胡适诸人眼里,问题似乎又回到了质疑“所谓剿匪问题”的当年：峰回路转，“剿匪”停止，共产党弛禁，国民党开放政权，实现民主政治的理想突然变得近在咫尺了。但事实证明，他们认错了题目，失之乐观：国共合作固然开辟了抗战的新生面，但国民党并无开放政权的诚意，所谓民主政治依然遥遥无期；国民党“剿匪”政策虽废，反共之心仍存，自由派知识分子既不脱“恐共”痼疾，复不能躬身自反，在此后全面抗战中反共浪潮迭起，其将继续追随国民党的政治取向，就是不可避免的了。

---

[1] 《二三七号编辑后记》，载《胡适全集》，第22卷，第561页。

[2] 《独立评论》，第237号，1937年6月6日，第9页。

三　胡适的重建“社会重心”说及其异化

国民党执政后，因内部派别林立，争权夺利，国家不仅未能实现统一，相反，军阀割据，纷争不已。九一八事变后，国难当头，此种全国一盘散沙、涣散无助的局面，更令有识之士深以为忧。胡适于九一八事变周年之际，蒿目时艰，作《惨痛的回忆与反省》，特别集注于1927年前后国民革命功败垂成，民族统一大局的悲喜两重天，提出了中国的当务之急在于重建“社会重心”这一富有历史纵深感的重要命题。但是，遗憾的是，他随后陷入了“民主与专制”的论争，自觉不自觉地偏离了自己最初提出的命题。他的重建“社会重心”说，很快变调终至异化成了主张只能维护以国民党政权为社会中心的肤浅说教。

（一）清末以降创建中国“社会重心”思想的演进

清朝末年，衰朽的清廷既失国人的信赖，有识之士为救国计，便渐生另寻新的社会力量，以为凝聚国人之“社会的中心势力”或叫“社会重心”的构想。第一个比较明确提出此一思想的人，是梁启超。1902 年，他在著名的《新民说》中写道，“今日谈救国者，宜莫如养成国民能力之为急矣。虽然，国民者其所养之客体也，而必更有其能养之主体”，“主体何在？不在强有力之当道，不在大多数之小民，而在既有思想之中等社会。此举国所同认，无待词费也”。梁启超直言不讳：这里所谓在清廷之外，可赖以养民救国的“既有思想之中等社会”，就是“吾辈”——以他为代表的新生知识阶级。值得注意的是，他还进而指出，这个“中等社会”包含着因具体主张不同而形成的两部分势力：立宪派与革命党。“立宪革命两者，其所遵之手段虽异，要其反对于现政府则一而已”，故彼此当懂得“协助之义”，实现联手共赢[1]。换言之，他认为主义不尽相同的两派进步势力——立宪派与革命党，共同构成当时的“中等社会”，即中国社会的重心。著《新民说》时的梁启超同情革命，思想激进；1903年后，则发生了改变，转向与清廷合作而与革命党为敌。学界多强调后者，而于前者关注不够。他提出的上述“中等社会”的思想，实富创意，值得深长思之。

1918年杜亚泉发表《中国之新生命》也指出：中国要发生新生命，希望在于新势力，新势力何在？就在于一批“储备其知识能力”，保有个性与从事于社会事业者。他们的人数自1898年以来，日渐增多，已形成了“中等阶级”。“现今文明诸国，莫不以中等阶级为势力之中心，我国将来，亦不能出此例外，此则吾人之所深信者也。”他所说的“中等阶级”，实与梁启超的“中等社会”一脉相承，同样指的是知识阶级。只是他说得更明确：与西方各国一样，它将成为中国社会的“势力中心”[2]。

---

[1] 梁启超：《饮冰室合集·专集》(4)，中华书局，1989年影印本，第156页、161页、162页。

[2] 杜亚泉：《杜亚泉文存》，上海教育出版社，2003年，第215页。

无论是梁启超还是杜亚泉，他们提出“中等社会”与“中等阶级”的概念，尽管都表达了中国需要新的力量以为凝聚国人的社会重心的期盼，但毕竟未能作进一步阐发，有类灵光一闪，故仅具思想史的意义，并未成为影响社会行为的精神力量。李大钊则大不同，他不仅对问题有更加明确系统的思考，而且作为中共的创始者，他的思想主张实际影响了其时国民革命的进程。1917 年，李大钊发表《中心势力创造论》一文说，“国家必有其中心势力，而后能收统一之效，促进化之机”，否则，一盘散沙，分崩离析，终归于亡。自清朝灭亡以来，无论军事系统还是政治系统，尽归解纽，各派纷争，互不相属。“至今日国家所有之势力，皆不能为国家之中心势力，以支撑此风雨飘摇之国家”，“以致政象日涣，人心日离，如孤舟泛于风雨澎湃之重洋，海天无既，茫茫然莫所适归。斯诚政治上之绝大危机也”。但他认为，对旧中心势力的没落无需悲观，相反，这有利于催生新中心势力。他说，“惟当顺世界文明之潮流，别造一种新势力以代之。此之势力，必以中级社会为中枢，而拥有国民的势力，其运命乃能永久”，“以为国本之所托”[1]。这是李大钊本人，同时也是清末以降国人系统讨论重建社会重心问题的第一篇专文。从文章的题目《中心势力创造论》便不难看出，作者对问题的认识已是高度自觉，与梁启超、杜亚泉不可同日而语。其时，他还是一位民主主义者，故其强调“新中心势力”“必以中级社会为中枢”，未曾超越梁、杜，这是合乎逻辑的事情。耐人寻味的是，1921年3月，正忙于筹建中共的李大钊又发表了《团体的训练与革新的事业》，指出：中国欲推动改革事业，当务之急需组织团体，以为民众的训练。但“这不是政客组织的政党，也不是中产阶级的民主党，乃是平民的劳动家的政党，即是社会主义团体”。当时谈“Communism”的人不少，但还未见成立坚强的组织。他呼吁“中国C派的朋友”，赶快组织“一个大团体”与“各国C派”的朋友相呼应。他说：“中国现在既无一个真能表现民众势力的团体，C派的朋友若能成立一个强固的精密的组织，并注意促进其分子之团体的训练，那么中国彻底的大改革，或者有所附

[1] 李大钊：《李大钊文集》上，人民出版社，1984年，第464、465、466页。

托！”[1]是文实为上文的续篇，主题不变，只是境界今非昔比。李大钊所说的“组织 C 派大团体”，就是指即将诞生的中国共产党，它取代了前文所说的“中级社会”；所谓借此“中国彻底的大改革，或者有所附托”，就是以为中共将成为指导中国未来走向的社会重心。

随着李大钊由民主主义者转变成了共产主义者，他的创建中国社会中心势力的思想主张根本超越了上述的梁启超与杜亚泉，固不待言；但更重要的是，其思想还有力地推动了国共合作与国民革命的开展。人所共知，新生的中共能接受共产国际的建议，同意整体加入国民党，从而实现两党合作和建立联合战线，推动了国民革命的勃然兴起，并非一帆风顺。最初，党内对此存在严重分歧与激烈的争论。李大钊被公认“是国共合作的一位适当主角”[2]，他不仅是第一个由孙中山亲自主盟加入国民党的中共党员并在国民党内身居高位，而且在国共两党间调解、疏导，起了很大作用，而这一切又与其创建社会中心势力的一贯思想密切相

[1] 李大钊：《李大钊文集》下，人民出版社，1984 年，第 444 页。

[2] 张国焘：《我的回忆》第一册，现代史料编刊社，1980 年，第 306 页。

关。1923年5月，他又发表《实际改造的中心势力》，说“为了要进行举国上下的根本改造”，光靠喊打倒军阀、政客一类的口号是无济于事的。“因此，势必需要作为改造的中心的东西。到底什么是需要的呢？以我个人的见解，就是首先以中国国民党为中心，除了使它更大更有力量以外，一点其他道路都没有。”故中共应加入国民党，帮助它实行改组，使它变成更加有力的团体。“只有达到这种状态，才能开始进行实际改革的事业”[1]，否则，空想而已。既然创建中共的目的就是要造就中国社会改革的中心势力，现在何以又转去强调以国民党为中心？最初中共一些持不同意见的领导人正是出于这种思维。李大钊文章的题目《实际改造的中心势力》，在“中心势力”前面是加了定语的，意味深长。“实际改造”者，“在当下”或“入手之方”之谓也。在他看来，中共要在将来实现社会主义的长远社会目标，改造中国的当下目标或叫入手之方，则是反帝反军阀的国民革命。二者有区别，却又相统一。要完成当下的国民革命，就现有力量而言，“如果出

[1] 《李大钊文集》下，人民出版社，1984年，第659页。

共产党来担当这个使命,恐怕为时尚早”[1]；而“我们环顾国中，有历史、有主义、有领袖的革命党，只有国民党；只有国民党可以造成一个伟大而普遍的国民革命党”[2],担负起民族解放的使命。当然,充当“实际改造的中心势力”的国民党，已非原来的意义，它当是经过改组并接纳了共产党新鲜血液的“国民革命党”。也唯其如此，中共第三次全国大会宣言说:“中国国民党应该是国民革命之中心势力，更应该立在国民革命领袖之地位。”[3]故坚信中共是未来中国革命的中心势力，与肯定国民党是当时国民革命的领导力量，二者并不矛盾[4]。我们虽不知道李大钊是否了解上述梁启超的见解：社会中心势力的构成，不妨求同存异，包容多种势力协作共赢；但其思想具备此种识见，是无可疑义的。所以他说,“我们认为在这种国民革命运动中,

[1] 《包惠僧回忆录》，人民出版社，1983年，第362页。

[2] 《北京代表李大钊意见书》，载《李大钊文集》下，人民出版社，1984年，第705页。

[3] 《中国共产党第三次全国大会宣言》，《向导》第30期，第228页，1923年6月20日。

[4] 后来国共分裂，与中共未能正确解决国民革命运动中的领导权问题紧密相关，但这不是本书讨论的范围。

不宜使国民革命的势力分歧而不统一，以减弱其势力，而迟阻其进行，非以全民族之心力，集中于一党不可”[1]。目光敏锐的《东方杂志》记者已经看到了这一点。该杂志有文说，“中国要是还有改造与统一的希望，那必须有一健全的强大的政党主持一切才行”。改组后的国民党已成“新国民党”[2]；国共合作，“不用说是我民族前途唯一的希望了”[3]。《东方杂志》显然也希望国共合作后的国民党能成中国社会改造的中心势力。

存在决定意识。清末以降，主张创建改造中国的中心势力或社会重心思想的出现，是国人追求民族振兴之道的必然产物。李大钊可谓此期的集大成者，他的思想主张渐次经历了端赖“中级社会”、创立中共与促进国共合作不同的历程，彰显了其视野、心胸之不断开拓；同时，更反映了“五四”后国民大革命波涛涌起的社会大变动，以及新诞生之中共不凡的气度。有趣的是，胡适正是在陈独秀、李大钊的劝导下，改变

[1] 《北京代表李大钊意见书》，载《李大钊文集》下，第705页。

[2] 化鲁:《对于政党前途的希望》，《东方杂志》第21卷第4号，1924年。

[3] 《国民党改组与国民政府的酝酿》，“时事述评”，《东方杂志》第21卷第4号。

了原先对孙中山与国民党的偏见，并对国共合作的国民革命表示支持。[1]1922 年 9 月，他主编的《努力周刊》对国民党改组表示欢迎：“当日本国民党解散改造的时候，中国的国民党也传出根本改组的消息，这自然有可喜的。”[2] 胡适也说：“我们对于独秀‘集中全国民主主义的分子组成强大的政党’的主张，是完全赞成的。”[3]1924 年 1 月 23 日，国民党一大通过宣言，宣布了“联俄、联共、扶助农工”的新三民主义。27 日，孙中山在广东高等师范开讲《三民主义》。当日，胡适填词一首，记夜游翠微山，其中有言：“正是黄昏，人影不分明。几度半山回首望，——天那角，一孤星。”[4] 将新生的国民党视作暗夜里的一颗明星。1926 年年底，胡适在伦敦更赞扬国共合作的“南方政府是中国最好

[1] 参见拙文《中共建立“民主的联合战线”与中国思想界的两场论争（1922—1924）》，《历史研究》，2013 年第 4 期。

[2] （H）：《这一周》，《努力周刊》，第 21 期，1922 年 9 月 24 日，第 1 版。

[3] 《陈独秀〈对于现在中国政治问题的我见〉附言》，《努力周刊》第 18 号，1922 年 9 月 3 日。

[4] 胡颂平：《胡适之先生年谱长编初稿》第 2 册，台北：联经出版事业公司，1984 年，第 562 页。

的最有效率的政府”[1]，并相信南方革命军将取得北伐胜利。这时的胡适未曾用“中心势力”“社会重心”一类的词，但实际上肯定了国共合作发动国民革命，已然成为了中国革命的“中心势力”“社会重心”。

然而，1927年国共分裂后，胡适转向了反共；“九一八”后，却又提出了重建“社会重心”说。他究竟如何面对历史与现实？

（二）胡适“惨痛的回忆与反省”：欲谋救国，首在重建“社会重心”

1932年9月18日，即九一八事变一周年之际，胡适在《独立评论》第18号上发表长文《惨痛的回忆与反省》，提出了一个十分尖锐而重大的命题：欲谋救国，当务之急，在于重建“社会重心”。胡适在文中指出：半个多世纪以来，中国历史所以一事无成，一切工作终成虚掷，“都只因为我们把六七十年的光阴抛掷在寻求建立一个社会重心而终不可得”。帝制时代

[1] 胡适日记（1926年11月4日），载《胡适全集》，第30卷，第404页。

的重心固在清室，但它衰弊既久，迨太平天国起，干戈扰扰，早已失去了政治重心的资格。曾国藩、李鸿章等所谓的“中兴”将相继起，俨然将成一新的重心，但他们既无心推翻清朝，便只能随旧重心的崩溃而同归于尽。戊戌维新派虽不乏造成新重心的气势，但不久也烟消云散。辛亥后革命党领袖几乎要成社会新重心了，但旧势力卷土重来，复令理想成空。最令人悲哀与惋惜的是，孙中山先生晚年改组国民党，人心所向，气象一新，然而社会重心却得而复失。胡适进而断言：以史为鉴，“我以为中国的民族自求运动的失败，这是一个最主要的原因”。如果这个观察不错，那么，由此引出的问题便是：“我们应该怎样努力方才可以早建立这么一个重心？这个重心应该向那里去寻求呢？”

同一期《独立评论》还发表了傅斯年的文章《“九一八”一年了！》，也提到了“政治重心”的问题。傅文前半部分是“先说浅看中的失望”，包括当局面对国难“竟弄不出一个办法来”；“人民仍在苟安的梦中”；国际社会“对此事变之麻木”；“中国的政治似乎竟没有出路”。后半部分是“深看来是大有希望”，其中最后一点强调中华民族不灭，文中这样说："今天固然惭愧得很，不过今日之患，在乎没有政治重心，一有政治重心，中国是能大有组织的。"中国仍有自己的长处，无需悲观，因为"没有办法者，只是政治，而政治之所以没有办法是没有政治的重心"。很显然，傅斯年只是轻描淡写地偶及政治重心缺失问题，不仅如此，还极力将之说成似乎无足轻重："只要这一层能以一种方式演出来，无论是国民党或其他乃至于一种能拿得起政治来的阶级统治，一切事都可望进步，在中国做事业说难固难，说易也易。"

两文相较，不难看出胡适文章的个性：

其一，与傅文的重点在提升国人的自信心不同，胡文的重点如题目所示，则在"惨痛的回忆与反省"，并从中引出了建立新的"社会重心"乃为谋国御侮第一要义这一尖锐而重要的见解。其文最后强调，抛砖引玉，目的是要唤起国人对此严重问题的认真讨论："我们此时应该自觉的讨论这种社会重心的需要，也许从这种自觉心里可以产生一两个修补的重心出来。"其立意与识见，较之傅斯年高出一筹。故应当说，是胡适而非傅斯年，郑重地提出了建立"社会重心"的问题。同时，胡适的此一思想主张，与上述梁启超、杜亚泉，尤其是李大钊的思想也是相通的。可以说，他是继李大钊之后，第一个明确提出这一重要见解的人，尽管时移势异，彼此主张的具体意涵与取向已不可同日而语。

其二，胡适的回忆与反省，虽说是立足于晚清以来“六七十年”的历史，但其目光更多地却是集注于敏感的“民十三以后”及“民十五六年之间”，即1927年前后，国共合作与破裂关键的历史节点。这是耐人寻味的。他写道：

> 民十三以后，他（孙中山——引者）改造的中国国民党成为一个簇新的社会重心。民十五六年之间，全国多数人心的倾向中国国民党，真是六七十年来所没有的新气象。不幸这个新重心因为缺乏活的领袖，缺乏远大的政治眼光计划，能唱高调而不能做实事，能破坏而不能建议，能箝制人民而不能收拾人心，这四五年来，又渐渐失去做社会重心的资格。

在另外一处，他的回忆更具体也更带有情感：

> 民国十五六年的国民革命北伐，真是能号召全国感情的一件空前大壮举；许多少年人的投考黄埔军官学校，更多少青年人在各地的秘密活动；还有许多中国中年老年人也受了那个运动的震荡，都期望它的成功；那种精神上的统一是中华民族史上绝无仅有的[1]。

由此，可以引出两点：其一，胡适实际上是肯定了国共合作的国民革命曾建立起“一个簇新的社会重心”，只是“这四五年来”，即国共分裂之后，才“又渐渐失去了做社会重心的资格”，尽管他极力回避了中共在国民革命中的作用。所以，严格说来，他提出的命题当是：重建得而复失的“社会重心”。其二，胡适将“社会重心”得而复失的原因，径直归因于国民党失政本身，这显示了反省与批判的锋芒。

国民党执政无能，内讧不断，战乱不已，久令国

[1] 《武力统一论——跋蒋廷黻吴景超两先生的论文》，《独立评论》第85号，1934年1月14日。

人怨声载道；“九一八”后国难临头，雪上加霜，更是天怒人怨。1932年，任鸿隽直接对国民党三中全会喊话说：“干干脆脆考虑一下本党的地位和能力。那就是说，国民党还有组织政府的能力吗？”[1]丁文江则讥讽“九一八”周年国民党中执会发表的《告全国民书》说，书中所谓“与异党合作”，无论有诚意与否，“但是我们免不得要问，与异党合作的国民党是整个的？还是分裂的？要得异党不要‘以全局之安危，殉彼此之意气’，第一要国民党本身能够化零为整，成功一个有纪律，有能力的政党”。当下一个行政院长辞职了一个多月，竟没有人接替。原任不肯回任，代理者不肯负责。“当国家大难临头的时候，握政权的党人，把政府弄得若有若无”，党外人如何能与之合作？“所以我们要请国民党的党员自己做出点反省的工夫”：“在这样危急的状态之下，而不能建立一个有力量负责任的政府，这个责任应该谁负！”[2]所以，胡适提出

[1] 叔永：《对于三中全会的希望》，《独立评论》第29号，1932年12月4日。

[2] 丁文江：《抗日剿匪与中央的政局》，《独立评论》第20号，1932年10月2日。

重建“社会重心”的主张，绝非偶然，它既反映了民意，复将问题凝练和提升了，从而更具普遍性的意义。他将“社会重心”得而复失的原因，最终归结到国民党执政本身“缺乏活的领袖，缺乏远大的政治眼光计划，能唱高调而不能做实事，能破坏而不能建议，能箝制人民而不能收拾人心”，也较他人更显尖锐与大胆。

当然，胡适的识见仍有失深刻。试想，国民革命真正启动之时，孙中山业已去世，那时同样“缺乏活的领袖”，却能创建“一个簇新的社会重心”；何以国民党执政之后，却出现了所说的那些问题，终至于“不能收拾人心”呢？这说明，胡适所言还仅属表象，国民党背弃民众，丧失了自己革命的精神，才是深层的真正原因。郭廷以的《近代中国史纲》写道：“北伐前及北伐初期，各方期待国民党者甚高。北伐后国民党内讧不休，战乱不绝，丧失了以往淬厉奋扬的精神，虚骄自大，俨然为统治的特权阶级，遂大失所望，而以知识分子为最。”[1] 这是公允之论 。实则，除中共的指斥之外，其时包括国民党党员在内，不少有识之士

[1] 郭廷以:《近代中国史纲》，格致出版社、上海人民出版社，2012 年，第 442 页。

也已经指出了这一点。例如，1928年，阿平就在《新评论》上发表《民众离开国民党的一个原因》说，“国民党所领导的革命势力，达到长江流域以后，革命的民众，对国民党一天一天的离开”；其中，“一个最大的原因”是“党的中心失坠与威信堕落”[1]。王子壮时为国民党中央执委会的年轻秘书，他在日记中评论国民党革命精神的丧失，颇具识见。他写道：“夫革命本为政治的斗争，然所以斗争之故，为达实际政治主张之目的。然吾国现在之各派但知争权夺利而已。夺而得，于是更有大欲，争之不已，政局无定。野心武人据地逞强，政客挑拨鬼蜮技生。道德败坏，名誉无关。于是社会骚然，民生益苦。为民族而奋斗的党，至此便见争夺，相尚之各派，几何不悉为民之罪人。”又说：“吾党在秘密时期所以号召民众何非团结民众共同为革命而奋斗，一旦公开则反其道而行。”国民党党内高层居然会认为：“在野之党为运动民众以夺取政权。今我党既统一全国，为何还要运动民众？在此时运动目的何在？岂能运动民众来反对自己吗？”至此，“党

[1] 《新评论》1928年8月15日，第35页。

的基本民众全失”，“中央公然不要民众矣”，“党的基础空矣。又一及总理改组本党之意义矣”。故在他看来，国民革命是失败了：“革命成功数载，党员悲观消极者所在皆是。对国是前途，无不深感烦闷，至投机分子之混入更足混淆黑白。是不得不谓之革命的失败也。”[1]这些见地，无疑超越了胡适。

此外，胡适还试图进一步从中外历史比较上去说明近数十年来终究无法演变出一个“社会重心”的原因。他将之概括为五方面：一是离封建时代太远了；二是对君主政体的信念在清末完全毁坏了；三是科举盛行，社会阶级太平等化了；四是人民太穷了，没有一个有势力的资产阶级；五是教育太幼稚了，没有一个有势力的知识阶级。在另文中，他将同样的意思作了更有条理的说明：

> 欧洲各国都是新从封建时代出来，旧日的统治阶级还存在，尤其统治阶级的最下层——武士

[1] 《王子壮日记》第2册（1934年1月15日；1935年3月20日、10月9日），台北：台湾“中央研究院近代史研究所”编印，2016年，第8页、268页、470—472页。

> 的阶级，——所以政权的转移是逐渐从旧统治阶级移归那新的中等社会的领袖阶级，更逐渐移到那更广大的民众。我们的封建时代崩溃太早了，两千年来就没有一统治阶级。科举的制度发达以后，连“士族”都不固定了。我们又没有像英国那样的“冢子袭产制”，遗产总是诸子均分，所以世家大族没有能够维持到几代而衰微的。这是中国的社会结构太平民化的结果，虽有专制君主有意维持某种特殊阶级（如满清之维持八旗氏族），终敌不住那平民化的自然倾向。辛亥革命之后，那些君主立宪党也无处可以请出一个中国家族来做那候补的皇室，于是竟有人想到衍圣公的一门！因为今日中国社会本无“可作新政权中心的阶级”，所以我们的建国（建立一个现代站得住的国家）事业比欧美日本要困难无数倍。[1]

胡适的观点概括起来就是：英法诸国所以能顺利地走上现代国家的道路，端在其原来传统的社会为之

[1] 胡适：《专制与建国》，《独立评论》第81号，1933年12月17日。

预备了“可作新政权中心的阶级”；而中国由于脱离封建社会过早，社会结构过于平民化，旧的统治势力恰恰无由为新时代的兴起预备同样“可作新政权中心的阶级”。胡适简单比附中外历史，所得结论不足为训。无论是17世纪的英国革命，还是18世纪的法国大革命，其领导力量都是随资本主义经济发展而崛起的新生资产阶级，绝谈不上是旧势力为新社会预备了“可作新政权中心的阶级”。从唯物主义的观点看，以地主阶级土地所有制为基础的中国封建社会直到辛亥革命才告真正终结，其历史远较西方封建社会更长久。而辛亥革命的领导力量也正是近代中国新兴的资产阶级，其力量所以软弱，乃是受外国资本主义压迫的结果，而与臆造的所谓中国社会“离封建社会太远了”渺不相涉。至于说辛亥革命时期章太炎曾请衍圣公为“方伯”以代替清朝皇帝，那也无非是作为君主立宪派的章太炎个人一时的突发奇想而已，更不足为训。但是，需要指出的是，胡适的上述说辞虽然不科学，其本意却绝非要提倡某种宿命论，以为中国至今无法演进出自己的“社会重心”，乃源于历史的宿命。恰恰相反，其命意是积极的：“置于死地而后生”——“我们可以说是没有一个天然候补的社会重心”，“所以只可以用人功创造一个出来！”[1]——国人没有退路，只能知难而上，重建自己的“社会重心”！

同时，要理解胡适的命意，不能忘了当时的语境：早在1929年5月初，蒋介石在摆平“桂乱”，志得意满之时，曾发表《和平统一》，高调地宣称：国民党已成国中唯一的“中心势力”，并要求“凡国人应拥护此中心势力”。他说：

> 现在中国国民党，已形成为国中唯一之中心势力，而国民政府之组织，即由此中心势力所构成。盖一国之治乱，与中心势力之有无，息息相关。一国无中心势力，则形势涣散。苟中心势力已成，内足以齐一信仰，外足以控制各方，国中不期治而自治。开国之初，此种中心势力之相需甚殷，故欲固定国基，非并心齐力，造成此独一无二之中心势力不可。而现代国家之中心势力，绝非一个人一私系所能造成，非有共信之主义，严密之

[1] 胡适：《惨痛的回忆与反省》，《独立评论》第18号，1932年9月18日。

组织，复经历年艰难困苦之共同奋斗，不克有功。本党由总理迭经改组，努力国民革命数十年，今方实施党治，虽规模尚未毕具，然已屹然成为我国唯一之中心势力，且此种中心势力，成之固其难，毁之亦不易。苟有欲毁之者，则中心势力之本身，自足以制裁之。桂系昧于此旨……不甘自处于中心势力之中，而谋生成于中心势力之外，与昔日祸国军阀之所为，毫无所异，宜其自取覆亡，不崇朝而土崩瓦解以尽也……故凭借有主义有组织之中心势力，以树立强固而有力之中央政府，真今日保障和平唯一之利器也[1]。

国家远未统一，国难却已临头，这是一回事；国民党当局自以为大权在握，社会重心在我，咄咄迫人，不容置疑，则是另一回事。也唯其如此，胡适借纪念"九一八"，第一个站出来，提出"惨痛的回忆与反省"，要求重建"社会重心"，不啻与国民党当局唱反调，不惟勇气可嘉，且启人深思。

[1] 《蒋发表和平统一文：凡国人应拥护此中心势力；本党同志尤不宜从中分化》，《大公报》1929 年 5 月 8 日，第 3 版。

然而，遗憾的是，后来事态演进表明，其说并未坚持下去，因主客观原因，终至变调异化了。

（三）胡适重建“社会重心”说之异化

胡适的文章发表后，第一个起而回应的是蒋廷黻。他于翌年年底接连发表了《革命与专制》《论专制并答胡适之先生》两篇文章，对胡适的主张不以为然，反其道而行之，提出了自认为更重要的另一个不同的问题。他说：各国革命都推动了国家的统一与进步，唯有中国愈革命国家愈分裂、衰败。“在我们这样的国家，革命是宗败族灭国的奢侈品。”[1]“这是一个何等痛心，何等重要的问题！”人们热衷于对政治经济问题讨论，“惟独对于这个基本问题没有人去研究，去注意”。而忽略了这一点，就不可能真正了解中国，无论谁执政，都不可能避免中国当下的状况。即便国民党失败了，“以后的任何政党，任何派都将无能为力”。他将问题主要归结为以下的原因：一是中国仍是一个朝代的国

[1]　蒋廷黻：《革命与专制》，《独立评论》第80号，1933年12月13日。

家，而非民族国家，国人没有国家观念，只知有省界县界观念；二是沿用胡适的说法：历代君主没为今天遗留可作新政权中心的阶级；三是二等军阀的割据纷争。蒋廷黻断言：欲谋国家统一，“我以为惟一的过渡方法是个人专制”[1]。

不难看出，二人所提的问题大相径庭：其一，胡适主张要特别反省1927年前后国民革命之兴衰，以探求“社会重心”得而复失的原因，并将批判的锋芒指向了国民党失政；蒋廷黻则全然无视这段历史，而将问题武断地归结为“革命误国”与“我们没有革命的能力和革命的资格”。为了替国民党的失政辩护，他不惜将孙中山领导的国民革命都抹杀了。其二，胡适主张通过反省与讨论，求重建“社会重心”；蒋廷黻则从历史的宿命论出发，主张建立国民党领袖的个人专制。要言之，前者的命题，其主旨是批判的、积极的；后者则是卫道式的，消极的。

胡适连续著文与之驳难，其中也不无有力的质疑，例如：他指出，将国家不能统一归于国人的省界观念，

[1] 蒋廷黻：《论专制并答胡适之先生》，《独立评论》第83号，1933年12月31日。

何以在二十多年前国人同样有省界观念却并不影响统一？断言中国至今不是民族的国家并非事实，中国自汉以降就已经是民族的国家了。所谓历代君主没有遗留“可作新政权的中心阶级”，“但这是一个政权的中心的问题，而不是民族国家的问题”；“然而这个新统一的中国是怎样又破碎了的呢？破坏统一的罪恶是不是全在二等军阀和附和二等军阀的政客呢？”是不是那些“梦想个人专制的政客党员也应该分担不少的责任呢”？如此等等。然而，胡适终不免书生气，在争论中不自觉地、实际是被蒋廷黻牵着鼻子走。最初胡适只是呼吁展开问题讨论，并未就怎样实现重建“社会重心”提出个人具体的主张；但为了反制蒋廷黻的“专制”说，他进而主张建立西方式的议会政治：“我们主张：今日必须建立一个中央与各省互相联贯的中央政府制度，方才可以有一个统一的国家的起点。”[1]此后，陶希圣、吴景超、丁文江、钱端升等人陆续加入争论，一直延续了数年之久。这场争论被称为“民主与专制（独裁）”之争。本章涉及这场论争，但这不

[1] 胡适：《政治统一的途径》，《独立评论》第86号，1934年1月21日。

是本章的重点。

这场论争实为一场混战，因为争论各方使用的概念混淆不清，随意性很大，往往是各说各话，并没有形成真正的中心议题。陶希圣当时就看出了这一点，他说："为什么呢？议会政治论者所不赞成的独裁，不一定就是个人的独裁，他也可以反对一党独裁，一阶级独裁的。反之，主张个人集权的，不独反对议会政治，并且对于现行的党治也要修改的。具体的说，现行的党治，在党外的已经看着是独裁；在党内还有人以为算不得独裁。反之，民主政治固然是党内有人主张，但党内主张民主政治的人，却不一定主张议会政治 。民主与独裁之争，争点是很复杂的。所以争论的人彼此之间容易把争点混乱了。"换言之，对胡适而言，他所提出原本富有历史纵深感的重要命题，全然被遮蔽了，而陷入了"在理论上固弄不清，在事实上也没有实益"的一场混战，岂不可悲！[1]

不仅如此，在此期间，胡适自己的最初观点也悄然发生了变调。他在《政治统一的途径》一文中，虽

[1] 《民主与独裁的争论》,《独立评论》第 136 号，1935 年 1 月 20 日。

仍肯定国共合作创造的新局面，但已不再提及曾创立了“一个簇新的社会重心”；对其后统一局面的失堕，也不再仅归之于国民党的失政，而是转而进一步归结到“以党治国”制度的本身。他写道：

> 民国十五年，国民革命军北伐，打开了一个新的局面。当时的主要旗帜是民族主义，对外是打倒帝国主义，对内是建立一个统一的民族国家。统一的中心在国民党，要以党治军，以党当政；党权高于一切。这一套的新组织与新纪律，在当时真有“无坚不摧”的威风。无主义又无组织的旧势力，都抵当不住这新潮流的震撼。不到三年，就做到了统一全国的大事业……但这一回的新统一里也含有不少的离心势力。政权属于党，而党不幸先分裂了……后来一分为国共，再分为国民党内的各派，三分为以个人为中心的各系……从党中心变到个人中心，越变离心力越大了……当日“以党治国”的制度，确是一个新制度，如果行得通，也许可以维系一个统一的政权。但民国十六年国共的分裂，就早已显示这个制度的自身

无法维持下去了，因为党已不能治党了，也不能治军了，如何还能治国呢？党的自身已不能统一了，如何能维系一国的统一呢？[1]

如前所述，在《惨痛的回忆与反省》中，胡适对“社会重心”得而复失原因的认识，虽然还不能进一步指出国民党革命精神丧失这一本质问题，但毕竟是客观地指出了端在国民党失政本身。现在他依然未能或不愿意看到这一点，却转而将全部问题归结到所谓“以党治国”的制度性原因。

“以党治国”是孙中山以俄为师，并赖以将国民党改组成为朝气蓬勃的革命政党所创立的根本性制度。苏联革命的基本经验，是建立无产阶级先进的政党——布尔什维克，作为领导革命和治理国家的核心力量。这个政党之所以是先进的，能成为革命和国家治理的核心力量，根本在于它以科学的理论为指导，有坚定的理想信念并为主义而奋斗。孙中山说：“盖俄国革命之能成功，全在于党员之奋斗。”“吾等欲革

[1] 胡适：《政治统一的途径》，《独立评论》第86号，1934年1月21日。

命成功，要学俄国的方法组织及训练。”[1] 他正是模仿苏俄革命的经验改组国民党，这种模式后被称为“以党治国”。改组后的国民党之所以革命面貌焕然一新，说到底，正是得益于此种全新的制度建设。胡适既承认它“确是一种新制度”，“真有‘无坚不摧’的威风”，创造了北伐成功、统一国家的奇迹，何以在国民党执政后却变得“行不通了”呢？国民党“清党”后，其种种失政与腐败，固然是反映了“党已不能治党了，也不能治军了，如何还能治国呢”；但追根溯源，这正是国民党革命精神丧失与蜕化的结果。“党既不党”，所谓“以党治国”便不是原来的意义，而成为了“一党独裁”，徒具虚名。这与孙中山手创的“以党治国”的新制度，如何能等量齐观！易言之，倒脏水可以，如何能同时将盆中的孩子也倒掉了呢？这在逻辑上不通。胡适最初提出的重建“社会重心”说，力主反省与探讨，并未提出具体解决方案，因而它是富有开放性的命题；但他现在却断言“以党治国”“这个制度的自身无法维持下去了”，所以，必须“建立新的制度去

[1] 《孙中山选集》，人民出版社，1981 年，第 546 页。

替代那无法挽回的旧制度”[1]，这就是西方的议会政治。此种武断的说法，不仅否定了孙中山“以俄为师”的政策及其对国民党的改组，而且原先有意义的命题，至此成为执迷于西方民主政治狭隘与僵硬的说教。为了强调议会政治较专制更适合于中国，他甚至提出了所谓的“民主与专制难易”说：强调前者是“最幼稚的政治”，最适合于“我们这种阿斗”；后者则是“特别英杰的政治”，中国并无条件推行[2]。这近于不顾常识，大失水准。故张熙若表示，虽然自己对胡适不畏压力，执着于西方民主深感钦佩，但对其上述所谓“民主与专制难易”说，却不敢恭维：“我认为这种议论是一种对于提倡民主非徒无益而又害之的议论，是容易给反对者得以攻击的机会而与赞成者以‘以辞害意’的遗憾。”[3] 无论胡适否定“以党治国”制度，转而倡言议会政治，是不是他作为自由主义者必然的选择，他原先

[1] 胡适：《政治统一的途径》，《独立评论》第 86 号，1934 年 1 月 21 日。

[2] 胡适：《再论建国与专制》，《独立评论》第 82 号，1933 年 12 月 24 日。

[3] 张熙若：《民主政治当真是幼稚的政制吗》，《独立评论》第 171 号，1935 年 10 月 6 日。

提出的重建“社会重心”说，无疑已然变调，终至于放弃了。

在当时的争论中，胡适实际上陷于孤立，因为争论一边倒，多是公开主张拥戴蒋介石实行个人独裁。所以，胡适常受到围攻，被说成与国民党为敌。唯有张弘在《专制问题平议》中，别具只眼，道出了问题的另一面：“对于这种新式的专制，蒋（廷黻）、吴（景超）与寿生先生赞成不用说，就是胡适之先生也不十分反对，只说其人难寻罢了。”[1] 此言入木三分。这里核心的问题是：胡适的底线是维护国民党政权，尽管明知它事实上就是一个专制独裁的政权。这就是说，他与蒋廷黻诸人主张的分歧，不是绝对的。其民治主张，说到底，只是想在国民党政权现有框架上，加设以国会为中心的各级民意机构，以为这样就能联络中央与地方，实现国家统一了。这与他自己此前主张的“好人政府主义”，并无二致。丁文江对此加以讥讽，也自然不无道理：“中国今日的政治原来是‘旧式专制’”，“在这种状况之下，单主张民主政治，反对独

[1] 《独立评论》第 104 号，1934 年 4 月 1 日。

裁，能够发生任何的影响吗？”[1] 但是，他毕竟未能看到张弘所说的另一面，即胡适与蒋廷黻诸人主张的分歧本来就不是绝对的。作为学生辈的苏雪林，说得就直白多了。1936 年年底，她因担心左翼作家将青年人都吸引走了，写信给胡适说，“先生拥护现政府的目的，是希望从散漫无纪的国家，一盘散沙的民众中间，造成一种‘中心势力’；借着这‘中心势力’以促中国现代化之成功”；但是，“如其一国之中最富活力之青年，与政府站在相反的地位，则好容易储蓄起来的一点国力，又将因互相乘除而等于零。先生一番拥护现政府的苦心，岂不白费了吗？”[2] 这里所谓的“中心势力”，自然就是指国民党统治势力。

胡适发表《惨痛的回忆与反省》后，很快就不再用“社会重心”一词，而认同了争论双方都在泛泛使用的“中心势力”。从字面意义上讲，这两个词并无大的分别，但就胡适的用语与具体的语境而言，后者因缺失了“惨痛的回忆与反省”的前提与意涵，实等同

[1] 丁文江：《再论民主政治与独裁》，《独立评论》第 123 号，1934 年 10 月 21 日。

[2] 《胡适来往书信选》中册，1979 年，第 327 页。

于“以现实的国民党政权为中心势力”。如，极力主张国民党独裁的钱端升说，“蒋先生在实力，在声望上，在民望上，在道义上，尽可是党国最高的领袖”，“亦必如此，党及国才有可资凭借的中心”[1]。常燕生是少数认可胡适观点的人，他说：欲求国家统一，凭武力与专制是不可行的，“必须先从创造中心势力入手”。现在的国民党“勉强可以算做中心势力”，但还嫌太弱；不过也“并不是没有控制地方割据势力工具，这个工具就是民意”。古代“尊王室”，现代只能靠民意。“现在的国民实力并不比古之天子更弱，中心实力派应该抓住这个有力的工具”。具体办法就是胡适所说，行民治，成立各级民意机构，“首先做出‘尊民’的样子，然后昭告‘天下’”[2]，中央政府借民意不难逐渐削减地方割据势力，最终实现国家统一。说到底，他的主张就是希望蒋介石为首的国民党“实力派”，“挟民意以令诸侯”，即以民意为工具，去达到一箭双雕的

[1] 钱端升：《对于六中全会的期望》，《独立评论》第162号，1935年8月4日。

[2] 常燕生：《建国问题平议：读独立评论以后的意见》，《独立评论》第88号，1934年2月4日。

目的：在“创造中心势力”的同时，削平了反侧。显然，常燕生所说的“创造中心势力”与胡适的重建“社会重心”说，本是风马牛不相及；但是，胡适却称赞不已：“常燕生先生的见解，我很赞同。他劝中央实力派学古人‘挟天子以令诸侯’的秘诀，把人民当作天子，善用民心民意来做统一的工具，这话好像是迂腐，其实是很近情理的议论。我说的国会制，也就是实行这个意思的一个方法。”[1] 足见胡适的“今是而昨非”。所以，他称福建事变为发动“内战”的“大罪恶”[2]；斥张学良发动西安事变是“叛国”[3]，力主进剿，无不反映了这一点。正是从这个意义上说，胡适的重建“社会重心”说，实异化成了“国民党政权中心”说。

胡适提出重建“社会重心”说，为时甚暂，随后很快变调终至于异化了。这既与他本人作为自由主义者的政治诉求有关，同时也与1932年、1933年间国民党统治的政局变动有关。1932年国民党对中央苏区

[1] 胡适：《一年来关于民治与独裁的讨论》，《东方杂志》32卷1号，1935年1月。

[2] 《胡适全集》，第21卷，第683页。

[3] 胡适：《张学良叛国》，《国闻周报》第14卷第11期，1937年3月。

发动的第三次“围剿”再遭惨败，动摇了自由派知识分子对其“攘外必先安内”政策和吹嘘可以迅速剿灭“共匪”宣传的信心，国难会议召开也助益了他们大胆放言高论，批评时政。这一年，胡适不仅发表了《惨痛的回忆与反省》，同时还与丁文江合作发表了《所谓剿匪问题》[1]，公开宣称中共是合法的政党，抨击国民党所谓“剿匪”不具合法性，显然皆为应运而生。然而，1933 年 9 月国民党对中央苏区发动了更大规模的第五次“围剿”，红军因受“左”倾军事路线的影响，第五次反围剿从一开始便陷入了被动，最终失利，于次年 10 月被迫退出中央苏区，实行长征。国民党因之大为兴奋，宣布彻底消灭红军，实现统一的目标为时不远。国民党统治之“士气”，一时也颇显“振作”。时局逆转，包括胡适在内的自由派知识分子见风转舵，不仅复归支持“剿匪”，而且愈益死心塌地追随国民党政权[2]。蒋廷黻回应胡适的第一篇文章《革命与专制》发表于 1933 年 12 月，较胡文整整晚了一年多才发表，而其

[1] 《独立评论》第 6 号，1932 年 6 月 26 日。

[2] 参见拙文《南京政府初期自由主义知识分子的政治心态（1927—1932 年）》，《北京师范大学学报》（社会科学版），2018 年第 4 期。

间并无他人与胡适相颉颃。这并非偶然。是时国民党发动的对中央苏区第五次“围剿”已进行了近三个月，似乎进展顺利。缘是，拥戴蒋介石独裁的呼声随之浸浸而起。1934 年，有人即指出：“年来大声疾呼以独裁政治为提倡者，朝野实繁有徒；近且变本加厉直以专制为号召者，黉舍内外亦颇不乏人。国人不察，不免作吠影吠声的盲从。一念之差有如星火，燎原之祸不可向迩。”[1] 而蒋廷黻正是倡言“个人专制”的始作俑者，其文在配合时局，良有以也。明乎此，胡适一开始便陷入孤立，所言变调终至异化，也就不足为奇了。

---

[1] 胡道维：《论独裁与专制》，《独立评论》第 90 号，1934 年 3 月 4 日。

参考文献

［1］耿云志．胡适研究论稿［M］．成都：四川人民出版社，1985.

［2］耿云志．胡适评传［M］．上海：上海古籍出版社，1999.

［3］黄建钢．政治民主与群体心态［M］．北京：中信出版社，2003.

［4］王双西．《双山回忆录》［M］．北京：现代史料编刊社，1980.

［5］胡适．胡适全集［M］．合肥：安徽教育出版社，2003.

［6］郑师渠．“五四”以后知识阶级的自我体认（1920—1926）——以五卅运动和三一八运动为中心的考察［J］．北京师范大学学报（社会科学

版），2016（5）.

［7］ 中国社会科学院近代史研究所中华民国史组．胡适来往书信选［M］．北京：中华书局，1979.

［8］ 侯外庐．中国近代哲学史［M］．北京：人民出版社，1978.

［9］ 鲁迅．鲁迅全集［M］．北京：人民文学出版社，1981.

［10］ 左玉河．中国近代思想家文库·张东荪卷［M］．北京：中国人民大学出版社，2015.

［11］ 全国政协文史资料委员会．文史资料存稿选编精选：9［M］．北京：中国文史出版社，2006.

［12］ 耿云志．胡适年谱：修订本［M］．福州：福建教育出版社，2012.

［13］ 郭廷以．近代中国史纲：第3版［M］．上海：格致出版社，上海人民出版社，2012.

［14］ 王造时．荒谬集［M］．上海：自由言论社，1935.

［15］ 宋广波．中国近代思想家文库·丁文江卷［M］．北京：中国人民大学出版社，2015.

［16］ 王子壮．王子壮日记：第1册［M］．台北：台湾“中央研究院近代史研究所”编印，2016.

［17］王仰清，许映湖．邵元冲日记［M］．上海：上海人民出版社，1990.

［18］林绪武等．吴鼎昌文集［M］．天津：南开大学出版社，2012.

［19］郑师渠．南京国民政府初期自由主义知识分子的政治心态［J］．北京师范大学学报（社会科学版），2018（4）．

［20］中央档案馆．中国共产党文件选集：第8册［M］．北京：中共中央党校出版社，1991.

［21］叶永烈．王造时：我的当场答复［M］．北京：中国青年出版社，1999.

［22］顾颉刚．顾颉刚日记：第一卷［M］．台北：联经出版事业公司，2007.

［23］方蒙．范长江传［M］．北京：中国新闻出版社，1989.

［24］梁漱溟．梁漱溟全集：第5卷［M］．济南：山东人民出版社，2005.

［25］翁文灏．翁文灏日记［M］．北京：中华书局，2010.

［26］梁启超．饮冰室合集：专集：4［M］．影印本．北

京：中华书局，1989.
[27] 杜亚泉 . 杜亚泉文存 [M]. 上海：上海教育出版社，2003.
[28] 李大钊 . 李大钊文集 [M]. 北京：人民出版社，1984.
[29] 张国焘 . 我的回忆：第一册 [M]. 北京：现代史料编刊社，1980.
[30] 包惠僧 . 包惠僧回忆录 [M]. 北京：人民出版社，1983.
[31] 郑师渠 . 中共建立“民主的联合战线”与中国思想界的两场论争（1922—1924）[J]. 历史研究，2013（4）.
[32] 胡颂平 . 胡适之先生年谱长编初稿 [M]. 台北：联经出版事业公司，1984.
[33] 孙中山 . 孙中山选集 [M]. 北京：人民出版社，1981.